Tous les maux du monde se trouvaient dans cette boîte.

Pandie la secoua.

Cela n'avait pas l'air si terrifiant.

Et alors, l'idée surgit dans sa tête.

Et si elle apportait la boîte à l'école pour le grand projet ?

Bien sûr, elle ne l'ouvrirait pas.

Ce serait bête !

Non, il n'en était pas question… Que se passerait-il si elle l'échappait ? Ou qu'elle était oubliée par mégarde dans le placard de son école ? Ou laissée au soleil, et que le grand sceau commençait à fondre ?

Elle regarda de nouveau la boîte. C'était un exemple génial de la présence persistante des dieux et personne — personne — n'apporterait rien qui lui ressemblerait.

Elle serait tellement prudente…

PANDORA
et la jalousie

PANDORA
et la jalousie

Tome 1

Carolyn Hennesy

Traduit de l'anglais par
Renée Thivierge

ADA
jeunesse

Éditeur : François Doucet
Traduction : Renée Thivierge
Révision linguistique : Caroline Bourgault-Côté
Correction d'épreuves : Nancy Coulombe, Marie-Yann Trahan
Montage de la couverture : Matthieu Fortin
Illustration de la couverture : © Weng Chen (Jade)
Mise en pages : Sébastien Michaud
ISBN 978-2-89667-034-5
Première impression : 2010
Dépôt légal : 2010
Bibliothèque et Archives nationales du Québec
Bibliothèque Nationale du Canada

Éditions AdA Inc.
1385, boul. Lionel-Boulet
Varennes, Québec, Canada, J3X 1P7
Téléphone : 450-929-0296
Télécopieur : 450-929-0220
www.ada-inc.com
info@ada-inc.com

Diffusion

Canada :	Éditions AdA Inc.
France :	D.G. Diffusion Z.I. des Bogues 31750 Escalquens —France Téléphone : 05.61.00.09.99
Suisse :	Transat – 23.42.77.40
Belgique :	D.G. Diffusion – 05.61.00.09.99

Imprimé au Canada

Participation de la SODEC.
Nous reconnaissons l'aide financière du gouvernement du Canada par l'entremise du Programme d'aide au développement de l'industrie de l'édition (PADIÉ) pour nos activités d'édition.
Gouvernement du Québec – Programme de crédit d'impôt pour l'édition de livres – Gestion SODEC.

Catalogage avant publication de Bibliothèque et Archives nationales du Québec et Bibliothèque et Archives Canada

Hennesy, Carolyn

Pandora et la jalousie
Traduction de: Pandora gets jealous.
Pour les jeunes de 12 ans et plus.
ISBN 978-2-89667-034-5

I. Thivierge, Renée, 1942- . II. Titre.

PZ23.H46Pa 2010 j813'.6 C2009-942231-X

Pour Donald,

Σ'αγαπώ

PROLOGUE

Durant l'âge d'or des hommes et des dieux, il y eut une époque où l'humanité devint négligente, presque au point de causer sa propre destruction. Insolente et irrespectueuse, songèrent les 12 grands Olympiens. Les gens avaient commencé à considérer la bienveillance des dieux comme acquise et étaient très paresseux. Soit ils oubliaient d'offrir les sacrifices appropriés aux dieux soit ils se servaient des pires parties des agneaux et des chèvres — les entrailles, les os et la peau — tout en se réservant les meilleures parties pour leurs propres festins. Zeus, le roi des dieux, finit par devenir si furieux devant cette insolence effrontée qu'il retira le feu de la Terre, jetant par le fait même l'humanité dans rien de moins qu'une obscurité froide et éternelle.

Prométhée, le Titan, vit la détresse de l'humanité et escalada le mont Olympe pour voler le feu et le ramener sur Terre. Lorsque Zeus aperçut de minuscules taches de flamme orange qui illuminaient à nouveau la Terre noire plus bas, il pourchassa Prométhée, le captura et enchaîna le Titan à un rocher sur le flanc de la montagne. Chaque jour, un énorme aigle se gavait du foie de Prométhée. Chaque nuit, en raison de son immortalité, son foie se régénérait. Et ainsi, son tourment dura pendant des années et des années… et des années… et des années.

Un jour, le cœur de Zeus s'adoucit devant les prières de son fils Hercule et il convint que Prométhée avait enfin payé sa dette aux dieux… avec un seul avertissement. Une toute petite condition.

Après que Zeus eut permis à Hercule de briser ses chaînes, Prométhée fut convoqué au grand mur de l'Olympe. Zeus lui remit un morceau de son propre foie comme rappel de sa punition pour le vol du feu. Et Zeus lui confia aussi une petite boîte de bois.

Dans cette boîte, chacun des grands dieux avait déposé un mal ou un fléau qui, si libéré, apporterait le tourment et le chagrin à l'humanité.

Pour toujours.

Prométhée avait constaté que la Jalousie, la Vanité et cinq autres horribles fléaux y avaient été déposés un à un, dont le plus grand de tous : la Peur. Zeus allait fermer le couvercle et imprimer son grand sceau quand un cri s'éleva au sein de l'assemblée des dieux.

— Père, dit Athéna, la déesse de la sagesse, qui s'avança. Si jamais ce sceau était brisé, l'humanité serait plongée dans un univers de chagrin. Nous vous demandons instamment d'insérer aussi dans la boîte une source de réconfort pour l'humanité. Quelque chose qui préserverait le désir de vivre de chaque être humain, malgré la lourdeur du fardeau.

— Que suggères-tu, ma fille ? demanda Zeus.

De sa houppelande couleur du ciel, Athéna retira quelque chose qu'elle serrait très fort dans sa main. Comme elle détendait ses doigts, une fine brume argentée s'éleva lentement et délicatement. Elle souffla doucement et la brume dériva dans la pièce et se glissa dans la boîte de bois.

— L'Espoir, dit-elle. J'inclus l'Espoir comme cadeau à l'humanité. Ceci, et ceci seulement, sera leur unique réconfort dans les moments d'infortune.

Puis Zeus ferma la boîte et posa son énorme main sur la cire rouge chaude, la scellant.

Il se tourna vers Prométhée.

— Sois toujours reconnaissant que je t'aie libéré de tes chaînes. Pour que tu n'oublies jamais ta punition, je te confie cette boîte. Tu garderas ces fléaux pour le reste de tes jours, et si jamais mon sceau est brisé, ton tourment et celui de tes êtres chers seront quelque chose à craindre.

Prométhée fut tourmenté et troublé.
Puis il se maria.
Puis il eut une fille.
Et ensuite…
Elle eut 13 ans.

Chapitre 1

Une nouvelle « jeune fille »

— *Vous n'avez pas été autorisées à partir !*

Trente-sept mâchoires s'ouvrirent béantes.

— Par tous les dieux de l'Olympe, la première qui se lève souhaitera énormément ne jamais l'avoir fait !

En temps normal, pendant les six heures de leçons quotidiennes dans l'oliveraie, la voix de maître Épéus avait cette qualité qui faisait glisser chaque jeune fille de sa classe dans une paisible somnolence, mais en ce moment cette voix sifflait et rebondissait contre les arbres comme les pierres déviées d'un lance-pierres. Toutes les filles se figèrent sur place ; celles qui avaient failli se lever ployèrent les genoux et se voûtèrent. Toutes sauf la plus éloignée derrière le groupe… celle aux cheveux brun clair, avec les dents d'en haut trop avancées.

Maître Épéus s'éclaircit la gorge, s'enfonça la tête dans les épaules et fit traîner ses lèvres sur ses dents jaunes. De nombreuses filles songèrent instantanément à un vieil oiseau méchant à la démarche lente.

— Je sais ce que dit le cadran solaire de l'école et je sais que demain est un grand jour pour vous toutes ; je serai donc bref…

De silencieux grognements s'élevèrent. La brièveté n'était pas une caractéristique de leur professeur.

— J'ai enseigné pendant plus de 60 ans à des jeunes filles dans cette institution, et j'ai vu nombre d'idées uniques et intéressantes pour le projet annuel, mais jamais durant tout ce temps ma classe n'a rapporté à la maison le moindre prix, que ce soit pour l'originalité, l'intelligence ou l'effort. Aucune couronne de laurier pour la première place, aucun parchemin de peau de mouton comme mention honorable, pas même une tablette de pierre sur laquelle on aurait écrit : « bel effort ». Voyez-vous mon nom gravé sur le mur d'honneur qui mène à l'amphithéâtre ? Non. Je ne crois pas. Par le sourire de la Grande

Aphrodite, si cette classe ne recueille pas demain au moins un prix, au moins un médaillon de bronze, vous subirez des examens quotidiens de géométrie sur les Éléments d'Euclide avec l'accent sur le polyèdre, vous devrez produire un essai de 500 pages intitulé « Pourquoi j'aime Sophocle », à remettre la semaine prochaine, et à partir de ce moment, tous les cours se donneront à l'intérieur.

Trois filles haletèrent à haute voix.

— Et l'une d'entre vous, chanceuses petites choses, sera choisie chaque semaine pour nettoyer mes ongles d'orteils à la fin de chaque journée, et nous savons tous qui sera la première à recevoir cet honneur.

Tout le monde se retourna pour regarder la jeune fille aux cheveux bruns. Elle baissa les yeux, tapotant la queue d'un lézard avec sa sandale.

— Tu ferais mieux de te surveiller, Pandie ! siffla une fille tout près.

— Ne vous réunissez pas dans l'oliveraie demain, continua maître Épéus. Je m'attends à toutes vous voir dans l'amphithéâtre, et à l'heure ! Tout retard sera sévèrement puni.

Maître Épéus fit alors traîner ses yeux perçants et belliqueux sur Pandora.

— Peut-être aurais-je dû vous mentionner plus tôt que je m'attendais à des choses extraordinaires de votre part, mais je n'ai aucune crainte. Aucune ! Et j'ai hâte de voir les bonnes, fascinantes et, le plus important, les nouvelles idées que vous aurez apportées pour votre projet. Au revoir à vous toutes. Grande est la Grèce !

— Au revoir, Maître Épéus. Grande est la Grèce, répéta la classe.

Pandora ajusta sa toge et sa robe ; à cause de l'interminable position assise sur le sol dur de l'oliveraie, le tissu avait collé très légèrement à l'arrière de ses jambes. Alcie et Iole s'approchèrent d'elle, Alcie retirant une brindille tombée dans ses cheveux.

— Par les dents d'Hermès, commença Alcie, les guidant toutes trois dans la foule de filles qui quittaient maintenant l'école, c'était assez évident.

— Je dirais que oui, dit Iole. Il te regardait directement.

— Ouais ! bien, commença Pandora, il n'avait pas à faire tout un plat. Je n'ai aucune intention d'apporter… Aïe !

Elle reçut soudain sur le dessus de la tête une… chose… dure et rouge.

Du sang tombé du ciel avait commencé à asperger l'Athènes ancienne. Mais ce n'était pas vraiment du sang ; chaque goutte était en fait un rubis rouge brillant.

Mais les rubis qui tombaient du ciel étaient désormais si courants que Pandora Atheneus Andromaque Helena (Pandora pour presque tout le monde) et ses meilleures amies, Alcie et Iole, ne se préoccupèrent même pas d'en ramasser un. Chacune en avait des paniers pleins à la maison.

— Que se passe-t-il en haut cette fois-ci ? demanda Iole, plissant les yeux vers le ciel.

Pandie lissa ses cheveux droits brun clair derrière ses oreilles et leva les yeux.

— Bellérophon et Pégase combattent la Chimère qui crache le feu, répondit-elle.

— Encore ? dit Alcie. Par les flammes de Tartare, c'est la troisième fois cette semaine ! Bellérophon travaille vraiment fort pour son chèque de paie de grand héros.

— Selon mon père, il se pourrait que toute une famille de Chimères attaque les fermes et les troupeaux à travers la Grèce, répondit Pandie alors qu'un autre gros rubis rouge lui cognait de nouveau la tête.

Soudain, elles se retrouvèrent au beau milieu d'une giboulée de rubis.

— Il vaut mieux nous mettre à l'abri si ça tombe du ciel, dit Pandie, se couvrant la tête avec son sac de livres.

Alcie se bomba un peu la poitrine.

— Bien, si mon père était là-haut, elle serait déjà morte.

Iole s'étouffa un peu en gloussant.

— S'iiiiil te plaît, dit Pandie en riant, ton père serait chanceux s'il pouvait seulement demeurer sur le cheval ! Un homme ordinaire ne peut tuer une Chimère, tu dois être une héroïne !

À ce moment, Pégase, un énorme cheval blanc laiteux, dont la vapeur sortait de ses naseaux, descendit en piqué des nuages, replia ses énormes ailes grises au bout argenté, les faisant reposer soigneusement contre ses flancs, puis vint se poser quelques mètres plus loin. Sur son dos était assis Bellérophon, le seul homme dans toute la Grèce capable de le mater.

— Hé ! Pandora, dit Bellérophon. Alcie. Iole.

— Salut, Bellérophon, répliqua Pandie. Comment ça va là-haut ?

— Pas trop mal, répondit Bellérophon, réajustant son bandeau de cheveux en cuir et enlevant ses boucles folles de ses yeux. C'est un bon orage, mais rien que Pégase et moi ne pouvons supporter.

Soudainement, du coin de l'œil, Pandie vit Tirésias le Jeune marcher en traînant les pieds vers la maison avec quelques autres garçons de l'Académie Apollon pour jeunes. Son cœur sauta un énorme battement.

— Ouais, hein, hein ! Bien, c'est vraiment… hum ! dit Pandie, observant Tirésias qui disparaissait de l'autre côté d'une colline.

Tirésias le Jeune était, de l'avis de Pandie (et ça ne la dérangeait pas si quelqu'un d'autre le pensait… même si c'était le cas de tout le monde) le plus mignon garçon d'Athènes. Il était aussi le seul qui lui faisait coller la langue au palais chaque fois qu'il se trouvait dans les alentours.

— Elle possède une série de dents supplémentaires, celle-là, dit Bellérophon, conscient que Pandie ne portait plus attention, et des écailles pointues. Sur chaque écaille, une pointe ! Et une deuxième griffe sur chaque serre ! Ton père serait impressionné.

— Bellérophon.

Pandie se concentra à nouveau, maintenant que Tirésias était parti.

— Quand tu auras terminé… si tu n'es pas mort, je veux dire… pourrais-je avoir un peu de viande blanche ? Papa a fait rôtir un cuissot de Chimère la semaine dernière pour le repas du soir et wow ! Tout à fait dé-li-cieux !

— Alors Bellérophon, combien de temps vas-tu te cacher ici ? demanda Alcie.

Iole donna un petit coup de coude à Alcie dans les côtes.

Muet de stupeur, Bellérophon tourna lentement son regard vers Alcie.

— Me cacher ? réussit-il à murmurer.

Pégase lança un jet de crachat de cheval en direction d'Alcie.

— Je ne me cache pas ! hurla Bellérophon. J'étais en train de permettre à Pégase de se reposer, pour l'amour d'Olympe. Mais si c'est ainsi qu'on me remercie… bien, je ne ferai que tuer la chose et je ne vous dérangerai plus !

Il tira fort sur les rênes, marmonnant entre ses dents que les citoyens d'Athènes étaient tellement difficiles à satisfaire. Un instant plus tard, le cheval et le cavalier s'envolaient vers les nuages, se transformant rapidement en une minuscule tache.

— D'accord, au revoir, dit Pandie, l'observant qui s'élançait dans le ciel. C'est bon aussi, de la viande brune !

Depuis qu'elle avait atteint ses 13 ans et qu'elle était officiellement devenue une jeune fille, Pandora Atheneus Andromaeche Helena, la seule fille du Titan Prométhée, s'ennuyait à mort. C'est à dire que… elle ne s'ennuyait pas exactement… mais elle ne pouvait pas vraiment mettre le doigt sur ce qu'elle ressentait.

Et c'était une autre journée typique. Ce qui signifiait que c'était horriblement, terriblement, atrocement ennuyant, et qu'il n'y avait absolument rien à faire. Elle regarda vers le ciel pour voir Bellérophon, maintenant devenu une tache minuscule, se propulsant sur son magnifique cheval ailé. Dieux ! comme ce devait être excitant ! Et il y avait d'autres héros, des hommes et des femmes, partout dans la Grèce, qui accomplissaient de merveilleuses et courageuses choses, et qui défiaient la mort en ce même moment. Hercule. Persée. Jason et ses Argonautes volant la Toison d'Or ! Sa curiosité s'enfla en elle comme de la vapeur. Quel effet cela produisait d'avoir une épée à la main ou de voler sur le dos d'un animal magique ? Et Bellérophon avait été juste devant elle ; elle aurait pu lui demander de faire un tour à un moment donné. Comme elle aurait souhaité lui en parler, juste pour avoir une sorte — n'importe quelle sorte — d'aventure. Stupide. Stupide !

Négligemment, elle donna un coup de pied sur un rubis de sang, alors qu'elle, Alcie et Iole marchaient vers la maison depuis l'école secondaire pour jeunes filles d'Athènes. Elle sentait qu'un gros bouton était en train de se former sur le côté de son nez et elle se voûta encore plus profondément à l'intérieur de sa toge d'école, traînant son sac de livres sur le sol, renversant presque son stylo et ses feuilles de papyrus.

Alcie avait maugréé qu'elle ne réussirait jamais à comprendre la géométrie d'Euclide et qu'elle souhaitait que son professeur, maître Épéus, fasse un bon plongeon dans le lac le plus près. Comme elle recommençait à se plaindre, Alcie se rendit compte que Pandie ne lui prêtait pas attention.

— Pandie, qu'est-ce qui ne va pas maintenant ? demanda-t-elle.

Elle s'arrêta au beau milieu de la route des chars, ses yeux vert brunâtre se plissant de frustration.

— J'ai un rendez-vous avec mon dentiste, dit Pandie, écartant ses cheveux de ses yeux, et fixant le ciel du milieu de l'hiver.

— Fantastique ! dit Alcie. Il te dira peut-être que ta surocclusion n'est pas si grave et qu'ils ne feront qu'arracher quelques dents ou te faire porter une bride de cheval pendant quelques mois.

— Oh ! merveilleux, dit Pandie. Comme si je ne ressemblais pas déjà à notre étalon de char favori.

— C'est ce qu'a fait notre médecin à mon grand frère et à la chèvre familiale, ajouta Iole, traînant en arrière un peu plus qu'à l'accoutumée. Ils vont bien tous les deux, mais maintenant mon frère n'aime plus manger que dans un sac à nourriture.

Pandie se retourna.

— Je ne ressemble pas à un cheval !

— Je n'ai jamais dit que tu y ressemblais, dit tranquillement Iole.

— Elle n'a jamais dit que tu y ressemblais, Pandie, ajouta Alcie.

Pandora s'arrêta et s'assit à côté d'un mur de pierres en ruine et regarda ses amies.

Alcie et Pandie avaient grandi ensemble, presque comme des sœurs, alors qu'Iole était la nouvelle venue. Le père d'Iole avait ramené sa famille de Crète lorsqu'elle avait 7 ans, et au début, Pandie et Alcie étaient réticentes à l'accepter parmi elles. Iole était petite et frêle, et même maintenant, elle avait de la difficulté à les suivre quand les trois filles traversaient à grandes enjambées la place du marché ou les champs d'oliviers, ou qu'elles nageaient dans les lacs et rivières des environs. Mais elle avait l'esprit vif, s'exprimant souvent avec de grands mots ; pas pour chercher à se rendre intéressante, mais seulement parce que son cerveau ne pouvait en trouver de plus courts. Ce n'est que lorsqu'elle avait passé une année pour se retrouver dans leur classe que Pandie et Alcie en étaient venues à adorer Iole (surtout quand elle avait commencé à les aider dans leurs devoirs de calcul infinitésimal).

— Je ne veux tout simplement pas rentrer à la maison, dit Pandie. Ma mère fait toujours beaucoup d'heures supplémentaires à son nouvel emploi comme principale assistante personnelle de Zeus, alors je serai probablement obligée de garder mon petit frère, qui est vraiment enquiquinant. Je ne veux tellement pas aller chez le médecin. En plus, je ne sais toujours pas ce que j'apporterai pour le grand projet scolaire de demain.

— Ouais ! dit Alcie, « La présence persistante des dieux dans notre vie quotidienne » S'iiiiil te plaît.

— Ça ressemblerait plus à : « Qu'est-ce que les dieux ont fait pour vous dernièrement ? », renchérit Iole. Mais, Pandie, je croyais que tu avais tout mis au point.

Pandie soupira.

— Je l'ai fait, enfin d'une certaine façon. Mais tout ce que je voulais apporter était idiot. Et je continue à m'écarter de mon sujet. C'est comme si j'avais une idée et que ça me conduisait à mille millions d'autres et je veux toutes les explorer.

— Tu ne peux me leurrer, dit Iole, le coin de sa bouche quelque peu retroussé. Tu as cogité à propos du jeune Tirésias. Je t'ai vue le regarder, tout juste quand il revenait de l'école, et j'ai vu les gribouillis sur ton classeur à papyrus.

— Tirésias le Superbe ! rit Alcie.

— Arrêtez ça… dit Pandie, rougissant.

— Bien, dit Alcie, tu as eu deux lunes pour trouver une bonne idée, alors tu as intérêt à ce que ce soit quelque chose de fantastique. Mon père a finalement accepté de me prêter ses orteils de bois à courroies. Il restera à la maison demain et ne partira pas en promenade.

— Oui, et explique-moi comment c'est un exemple de la présence persistante des dieux ? demanda Iole.

Alcie soupira.

— Mon père a perdu ses orteils durant la dernière guerre. C'est Arès qui commence les guerres, le dieu — que je suis bête ! — de la guerre. Par conséquent, c'est la faute d'Arès si mon père n'arrive plus à marcher normalement. Présence persistante. Merci beaucoup.

— Il est plus question de sa vie à lui. Et qu'en est-il de la tienne ? demanda Iole.

— Crois-moi, toute la famille en ressent la présence persistante… en fait, tout le temps.

— J'ai décidé de suivre mon plan original, dit Iole.

— Toi ? Tu fais une présentation de toi ? demanda Alcie.

— Je suis le meilleur exemple auquel je peux penser. Un jour, en Crète, j'étais tellement malade que tout le monde avait pratiquement abandonné tout espoir. Sauf ma mère. Elle a entretenu continuellement le feu de l'autel d'Apollon. Elle n'a jamais quitté mon chevet et a récité une prière après l'autre. Une nuit, alors que j'étais presque morte, je veux dire vraiment prête à traverser le fleuve Styx, elle a juré qu'elle avait vu Apollon dans ma chambre en train de me toucher la joue. Le jour suivant, ma fièvre était tombée, et deux semaines plus tard, j'étais rétablie. Je suis la présence persistante.

— Où est la preuve ? demanda Pandie.

— Je suis ici, n'est-ce pas ? Ce sont juste des trucs classiques des dieux, dit-elle doucement. Ils n'ont qu'à se fier à la parole de ma mère… ou à ne pas s'y fier.

— Bien, je dois avoir quelque chose de fantastique à montrer, marmonna Pandie.

— S'il te plaît, n'apporte pas de nouveau le foie de ton père. Maître Épéus te donnera absolument un delta. Tu ne le feras pas, n'est-ce pas ? demanda Iole.

— Dieux non ! Je l'ai apporté tant de fois… et puis tout le monde connaît déjà toute la stupide histoire… « et Zeus a donné à papa un gros morceau de son foie pour qu'il s'en souvienne toujours, et bla bla bla », dit Pandie. C'est idiot.

— Et c'est totalement et complètement dégoûtant, dit Alcie en pouffant de rire.

— Ouais ! bien, dit Pandie avec désinvolture, au moins les gens peuvent regarder des trucs de ma famille et ne pas se faire transformer en pierre.

Alcie recula, comme si Pandie l'avait frappée. Elle baissa la tête, la mâchoire serrée.

Iole promena nerveusement ses yeux de l'une à l'autre.

— Je ne peux l'empêcher si… commença Alcie, puis elle s'arrêta.

Elle remonta son sac d'école sur son épaule et s'éloigna sur la route des chars.

— Pandie, murmura Iole, c'était mesquin.

— Oh, dieux ! dit Pandie.

Elle se mit à courir derrière Alcie, un caillou se logeant dans sa sandale.

— Alcie ! Hé ! Attends… Hé ! Attends !

Alcie s'arrêta, le dos toujours tourné.

Alcestis Artemisia Medusa venait d'avoir 13 ans, seulement quelques semaines avant Pandie. Avec ses cheveux roux et ses yeux brun vert, elle était plus jolie que la plupart et s'en tirait mieux que les autres avec tous les trucs de jeune fille. Le père d'Alcie, un homme riche ayant sa propre entreprise, spécialisée dans la reproduction de ruines de jardins de style « authentique », achetait tous les objets dernier cri pour sa fille, boucles de toge, fers à cheveux, bracelets de cheville, donc elle paraissait plutôt mignonne… extérieurement.

Mais Alcie était aussi une nièce éloignée de Méduse, la Grande Gorgone, une créature si hideuse que quiconque la regardait dans les yeux se transformait immédiatement en pierre. Même regarder une seule partie de Méduse transformerait l'homme le plus fort en rocher. Quelques années plus tôt, un jeune héros, Persée, avait coupé la tête de Méduse, de sorte qu'au moins sa parenté n'avait pas à s'inquiéter de l'apparition de Méduse lors de jours festifs, mais Alcie était toujours mal à l'aise à cause de la tache qui souillait le nom de la famille.

Pandie s'avança lourdement vers elle.

— Je suis si désolée. Je suis si désolée. Je pense toujours que ma famille est tellement plus tordue que les autres que cela ne me dérange pas… mais je suis désolée.

— Ta famille ? Oh ! puissent toutes tes figues avoir des vers ! Au moins, tu as une famille ! Tante Méduse a transformé tout le monde en pierre. La moitié de ma famille est toujours assise dans notre jardin et sert de bains d'oiseaux ! cria Alcie.

Pandie s'arrêta, un sourire se dessinant sur son visage ; elle se mordit la lèvre très fortement pour le cacher.

— Peut-être que ton père peut les vendre dans son commerce, dit-elle, nettoyant sa sandale.

— Ce n'est pas drôle ! dit Alcie, finissant par sourire.

— Oui, ce l'est.

— Oui, ce l'est ! ajouta Iole, qui avait fini par les rejoindre.

— Tu n'as même pas entendu, plébéienne ! dit Alcie par-dessus son épaule.

— Oui, tiens, j'ai entendu, et c'est absolument vrai, dit une quatrième voix.

De derrière un cyprès à proximité parvint le son d'un rire incontrôlable. Hélène et Hippia, les deux filles les plus jolies et les plus populaires de l'école secondaire pour jeunes filles d'Athènes, surgirent de l'ombre de l'arbre.

— Bien, bien. Salut, les jeunes filles ! dit Hélène, le port droit et poussant ses longs cheveux blonds sur ses épaules.

— Regarde, Hippia… ce sont les trois perdantes en train de faire ce qu'elles réussissent le mieux. Être des perdantes. Parler de leurs familles de perdants.

— Pourquoi n'es-tu pas en train de faire la meneuse de claque, Hélène ? demanda Pandie.

— L'entraîneur a annulé le combat de lutte, voyons. C'était affiché sur les circulaires partout sur le campus.

— Alors tu n'as pu penser à rien de mieux à faire que nous suivre ? Wow ! nous devons être vraiment intéressantes, dit Alcie.

— Je ne le crois tellement pas, dit Hippia. Nous allons à la maison de Métis pour planifier la fête prébacchanales. C'est sur invitation seulement, mais si j'étais vous, je ne m'attendrais pas à ce qu'un messager vous apporte des invitations.

— Oh ! Hippia, ne sois pas si mesquine ! dit Hélène. Ils ne vont probablement même pas aux Bacchanales. Il y a tellement de choses bien plus excitantes à faire ; exact, les filles ? Comme pincer vos boutons et offrir des sacrifices à Aphrodite. « Oh ! s'il te plaît, Aphrodite… permets-moi d'être jolie seulement pour une journée ! Pandie, est-ce qu'il y a un seul jeune qui t'ait même déjà invitée à y aller ? »

Pandie demeura silencieuse, un mélange de haine et d'humiliation dans ses yeux bruns. C'était plutôt vrai… personne ne lui avait demandé. Les Bacchanales étaient le plus gros événement social scolaire de l'année ; sacrifice rituel, feu de joie et rafraîchissements, et ensuite danse en cercle… avec des jeunes !

Maintenant qu'elle était devenue une jeune fille, elle n'avait pas à demeurer à l'écart avec les petites filles; elle pouvait vraiment avoir une escorte.

Mais aucun des jeunes garçons de l'Académie Apollon pour jeunes, située tout près, ne lui avait jeté un seul coup d'œil durant les journées sportives intra-écoles. Elle s'était même frotté le cou avec des fleurs d'oranger et avait laissée glisser quelque peu l'étoffe de sa toge de son épaule lorsqu'elle avait appris qu'elle serait debout près du jeune Tirésias pendant la pratique obligatoire de la chorale de tragédie grecque. Mais il avait tout simplement continué à chanter l'histoire d'Œdipe Roi :

« Ne tuez pas votre père, ne mariez pas votre mère, ne vous crevez pas les yeux. »

Il ne l'avait même pas remarquée.

Hélène s'avança d'un pas nonchalant vers Pandie.

— Hé ! Pandie, tu sais ce que tout le monde dit à propos de ton père ? Ils disent que, parce que son foie lui manque tellement, il ne peut digérer sa nourriture comme les gens normaux et n'est pas allé aux toilettes depuis des années. Ils disent qu'il va éclater comme un volcan.

— Hélène, répondit Pandie, mon père a fait quelque chose pour l'humanité. Pas comme… Oh ! laisse-moi réfléchir… ton père qui s'est caché dans les fosses d'égout durant la dernière guerre.

— Retire tes paroles !

— Hélène, dit tranquillement Iole, oublies-tu quelque chose ?

Hélène pivota face à Iole.

— Oh ! la petite andouille parle ! Quoi, andouille ?

Iole s'avança lentement vers Hélène.

— Le père de Pandie est un immortel. Ce qui veut dire que Pandie est une demi-déesse. Depuis qu'elle est devenue une jeune fille, elle a commencé à acquérir ses pouvoirs. Et tu ne sais pas ce qu'elle peut faire.

Hélène et Hippia regardèrent silencieusement Pandie. Elle tourna de nouveau les yeux vers les deux filles et tenta de lever son sourcil, comme si elle allait les couvrir de verrues enflammées ou de quelque chose de semblable. En son for intérieur, elle ignorait si elle avait même quelque pouvoir que ce soit, mais elle aurait voulu donner un gros baiser sur la joue d'Iole.

Hélène et Hippia commencèrent à reculer.

— Tu es mieux de ne rien essayer. Mon père fait partie du Grand Conseil d'Athènes, dit Hélène.

Alcie fouilla dans son sac d'école.

— Hé ! regarde ce que je viens tout juste de trouver ! Un morceau de ma tante Méduse. Je crois que c'est son ongle d'orteil ! Vous les filles, vous voulez voir ?

Et elle fit semblant de lancer un morceau de la Gorgone aux deux filles, qui battirent en retraite.

Hélène et Hippia se mirent à courir en poussant des cris perçants pendant au moins une centaine de pas avant de disparaître hors de vue.

— Elle est vraiment bonne, Iole, dit Alcie.

— Ouais ! belle esquive, dit Pandie.

— Je ne faisais pas d'esquive. Tu ne sais pas ce que tu seras capable de faire, dit Iole. J'ai lu et j'ai écouté les conteurs d'histoires itinérants. Les demi-dieux peuvent être très puissants. Hercule n'est qu'à moitié dieu et regardez-le ! Hé ! pouvons-nous passer par le marché ? Ma mère m'a donné quelques drachmes supplémentaires pour acheter des figues sur le chemin du retour vers la maison.

Les trois filles quittèrent la route des chars, grimpèrent une douce pente vers un autre mur peu élevé qu'elles escaladèrent, puis entrèrent dans l'agora, la principale place du marché d'Athènes.

Pandie adorait la place du marché et aurait aimé ne pas devoir se hâter pour gagner la maison pour faire du gardiennage. Elle pouvait y flâner (ces jours-ci, ça ressemblait plus à disparaître) pendant des heures parmi les tapisseries brillamment tissées de Perse, les pots de verre remplis de perles de Nambie, les épices rares de Chine, et les paniers de figues séchées de Macédoine, d'abricots de Turquie et de dattes d'Arabie.

— Comment vont mes filles préférées ? dit le vendeur de fruits lorsqu'elles entrèrent dans son étal. Pourquoi n'êtes-vous pas venues me voir dernièrement, vous les trublions ?

— Salut, Glaucus, dirent les filles à l'unisson.

— Nous avons été débordées à cause de cet énorme projet scolaire ; nous y avons travaillé presque tous les jours. Bien, certaines de nous l'ont fait, dit Iole, ne regardant pas Pandie en particulier.

— Ah ! oui, dit Glaucus, le projet des « grands Dieux ». Quelques jeunes filles sont venues ici pour acheter des raisins secs, des pommes et des bidules. Pour fabriquer de gros dioramas et des scènes de minicombat, coller des choses sur des planchettes de papyrus, construire de petits dieux sur bâtons.

— Avec des fruits ? demanda Alcie.

— Certains enfants étaient très créatifs, dit Glaucus.

— Je suis cuite ! murmura Pandie à Alcie. Si je n'obtiens pas au moins la note de passage pour ce projet, je devrai recommencer toute une année. Je serai la seule jeune fille dans une classe remplie de petites filles ! Je préférerais être envoyée aux enfers. Dieux ! je ne peux y penser maintenant, allons-y !

Pendant qu'Iole passait de longues minutes à choisir juste les bonnes figues, Pandie attira Alcie vers le vendeur d'un étal au-dessus duquel flottait de la soie aux couleurs de l'arc-en-ciel ; les filles déambulèrent parmi les hautes piles de rouleaux de gaze, de lin et de coton tapissant son étal. Pandie s'imaginait revêtue de magnifiques toges fabriquées à partir de ces tissus, tous plus éblouissants les uns que les autres. Elle se demanda quelle était la couleur préférée de Tirésias.

— D'accord, j'ai terminé, dit Iole, les rejoignant. Allons-y.

Quelques minutes plus tard, elles atteignirent le carrefour qui conduisait à leurs maisons respectives.

— Hé ! pourquoi ne venez-vous pas les filles ? dit Pandie. Vous pouvez m'aider à réfléchir à ce que j'apporterai demain.

— Et t'aider à faire du gardiennage ? Je ne pense pas, merci beaucoup, dit Alcie. J'ai des travaux de géométrie et d'instruction civique.

— Je dois aider mon père à nourrir les animaux, dit Iole. Catallus, notre esclave d'écurie, vient tout juste d'obtenir ses résultats de sa séance avec notre prophète et il s'avère qu'il souffre de la maladie contagieuse de Castor, il vit donc maintenant dans la remise de jardin et nous manquons un peu de main-d'œuvre.

— D'accord, je vous vois demain, les filles.

Les trois amies commencèrent à s'éloigner.

— Pandie ! appela Alcie.

— Quoi ?

— Je suis désolée aussi.

Pandie se retourna et agita la main. Elles agitèrent la main à leur tour et disparurent au-dessus d'une crête.

Elle sentit quelque chose de froid et humide qui touchait son genou. Son chien berger, Dido, était à ses pieds, venu à sa rencontre comme il le faisait chaque jour à son retour de l'école. Elle se pencha et enroula ses bras autour de son cou épais. Peu importe si sa vie était désastreusement, effroyablement accablante, Dido ne l'avait jamais déçue.

— Hé ! Dido, comment vas-tu, hein ? Tu es un bon chien spectral.

C'est ainsi qu'elle l'appelait parce que Dido était blanc. Blanc spectral. Sa fourrure, sa peau, son nez, ses yeux, tout chez Dido était de la couleur de la neige. Seul un petit cercle bleu pur autour de l'iris avec une minuscule tache de noir au centre de chaque œil l'informait à chaque instant de la direction du regard de Dido. Avec sa grande langue blanche, il lui lécha le visage, puis il trotta devant elle vers la maison.

Elle le suivit, certaine dans son cœur que le reste de ses jours seraient aussi accablants, horribles et dévastateurs que celui-ci.

Chapitre 2

À la maison

La maison de Pandie reposait sur le sommet d'une petite colline située dans une banlieue paisible d'Athènes. C'est son père qui l'avait construite d'après son propre concept, et elle était modeste, mais spacieuse, avec une large cour à l'avant entourée d'un mur de pierres. De sa chambre à coucher à l'étage, elle pouvait voir à l'autre bout de la vallée, et même apercevoir les abords de l'agora et le toit du nouveau Parthénon.

En pénétrant dans sa cour, elle remarqua une demi-douzaine de dryades, de minuscules nymphes des arbres vert mousse à multiples ailes s'affairant à étêter la floraison de narcisses de sa mère. L'une prenait une bouchée de chaque légume du jardin pour la recracher rapidement. Une autre construisait une petite forteresse avec des feuilles d'artichaut et une autre encore peignait sur le mur de la cour, en se servant du jus de faux mûrier bleu, une fresque rudimentaire des membres de la famille de Pandie dressés sur la tête, sous les mots « Les dryades ÉTAIENT ici ! ».

— Allez, ouste ! hurla Pandie.

Dido se mit à courir parmi elles, faisant fuir les minuscules créatures, qui brandissaient leur poing vers la boule de fourrure blanche grondante, jurant dans leur fuite qu'elles reviendraient.

À l'intérieur, la maison était calme. Pandie se dirigea vers les placards de nourriture. Il y avait une note clouée à une étagère tout près des pots d'olives.

Pandora,
Le dentiste a envoyé un messager ; il est surchargé aujourd'hui et il préfère te voir demain. Ta maman travaille tard au temple de Zeus. Je suis en train d'installer un atrium dans la cité et je devrais être de retour à 18 h. Sabine surveille ton frère. Essaie de jouer juste un peu avec lui. Merci.

Des tas et des tas de phileo[1],
Papa

1. N.d.T. : L'amour dénommé *phileo* en grec signifie « amour familial ».

Bon… au moins elle n'était pas obligée d'aller chez le dentiste, mais dieux ! il lui faudrait maintenant jouer avec Xander. Ce n'était pas qu'elle n'aimait pas Xander, c'est juste qu'elle ne l'affectionnait pas. Bien, elle pouvait d'une certaine manière tolérer la plupart des choses à son sujet, mais il n'y avait qu'une chose qu'elle ne pouvait plus supporter : sa queue. Quand il était bébé, la chose était épaisse et courte, et tout le monde ignorait de quelle sorte de queue il s'agissait, mais à mesure qu'il grandissait, il devenait évident que Xander, le seul fils de la maison de Prométhée, était en partie un paon.

Pandie se souvenait de s'être glissée dans le couloir tard le soir juste après la naissance de son frère, écoutant ses parents en train de parler dans leur chambre ; son père murmurait et criait en même temps, et sa mère, Sybilline, disait qu'elle ne comprenait tout simplement pas comment ça avait pu arriver.

— Bien, je te le dirai comment c'est arrivé, avait dit Prométhée. Tu as lésiné… et tu sais que tu l'as fait, Syb… sur ton offrande à Héra le jour précédant la naissance de Xander. À quoi pensais-tu ? La plus méchante et la plus vindicative de tous les immortels et tu as apporté des œufs de poulet, pas des œufs de caille comme elle les préfère, au temple d'Héra. Et maintenant, notre fils a une queue !

Héra, la reine des dieux, possédait deux symboles, deux animaux qu'elle protégeait : la génisse et le paon.

— S'inquiéter et se plaindre, s'inquiéter et se plaindre, dit calmement Sybilline. J'ai choisi de croire que le garçon deviendra de toute évidence un préféré d'Héra.

— Je suis juste reconnaissant qu'il n'ait pas une mamelle, marmonna Prométhée.

Fait amusant, Pandie pouvait se souvenir, qu'à un moment donné, elle avait vraiment senti une affection pour son petit frère, la queue et tout. Mais maintenant qu'il avait trois ans, son rire, son énergie et ses besoins constants de sa grande sœur pesaient sur elle comme un attelage de bœufs.

Pandie saisit une poignée de raisins secs et se dirigea vers l'étage, s'arrêtant dans l'escalier juste assez longtemps pour saluer la petite statue d'Athéna installée dans la niche de son autel.

Elle savait qu'elle pouvait simplement passer devant la chambre de son frère sans même regarder à l'intérieur. Il ne la verrait probablement pas et elle pourrait aller directement faire ses devoirs, mais elle glissa tout de même la tête dans l'embrasure de la porte. Vide. Ses peaux d'animaux rembourrées étaient intactes sur sa petite paillasse pour dormir. Soudainement, Pandie entendit un cri qui provenait de la chambre de ses parents.

Lançant en passant son sac de livres dans sa propre chambre, elle écarta le rideau d'intimité rouge transparent de ses parents pour voir Xander et la vieille esclave de la maison, Sabine, qui jouaient sur le plancher avec quelque chose de brillant. Les cheveux blancs de Sabine étaient attachés à l'arrière dans un style que Pandie n'avait vu que peint sur les anciennes urnes de céramique, et sa peau était si mince qu'elle luisait, presque translucide, même dans la chambre assombrie.

Sabine demeurait avec la famille depuis la naissance de Pandie, mais cette dernière n'avait jamais su exactement d'où venait Sabine. Sa mère lui avait raconté que Sabine travaillait auparavant comme cuisinière ou quelque chose de semblable, ce qui faisait rire Pandie puisque Sabine était même incapable de tremper un morceau de pain dans l'huile d'olive afin qu'il goûte bon. Tous les Prométhée diraient que Sabine avait fait un merveilleux travail en aidant à élever Pandie et que c'était une gentille femme, point.

Mais au cours des années, avec sa curiosité grandissante qui la poussait vers les rideaux tirés pour capter des conversations chuchotées, Pandie en était venue à apprendre la vérité.

Sabine était une Moire. La Moire perdue. L'infortunée Moire. La Moire dont personne ne parlait.

Pandie connaissait tout sur les Moires : trois sœurs immortelles, aussi âgées que les étoiles, assises autour d'un énorme rouet et qui dessinaient le cours de la vie de tout un chacun. Clotho, la Fileuse, tissait un fil à chaque naissance. Lachésis, la Fatidique, dévidait le fil, distribuant les sorts ; un garçon d'écurie ici, un héros là-bas. Et Atropos, l'Implacable et la plus crainte des trois, était la Moire qui coupait le fil au moment déterminé de la mort.

Mais il y avait une quatrième Moire. Une sœur plus jeune qui, dès le début, était juste un petit peu trop éparpillée et pas assez concentrée pour faire un bon « moirage ». Ses sœurs avaient essayé de lui confier le rouet, mais le fil qu'elle déroulait était très inégal, et elle avait créé toute une série de gens qui pesaient plus de 225 kilos. Lorsqu'elle avait essayé d'assigner les destins, elle s'était sentie désolée pour chacun et avait créé un monde de héros heureux qui n'avaient rien à faire. Finalement, elles confièrent à Sabine les « ciseaux abhorrés », mais elle continuait d'être distraite et de ne pas couper le fil à temps, permettant à des centaines de personnes de vivre au-delà de 250 ans.

Comme il n'y avait évidemment aucune place pour Sabine autour de la roue, ses sœurs l'envoyèrent au mont Olympe et Zeus la mit au travail dans la cuisine. Mais là non plus, elle n'était pas meilleure, et la nourriture des dieux, le nectar et l'ambroisie, arrivaient soit trop chauds, trop froids, ou trop tard à la table de Zeus. Le seul moment où Sabine semblait être vraiment heureuse, c'était en présence des enfants. Donc, à l'époque où la grande maison de Prométhée attendait une petite fille, Zeus avait envoyé Sabine sur la Terre pour prendre soin de Pandie.

Mais maintenant que Pandie était plus âgée, Sabine passait son temps à faire la chose qu'elle adorait le plus : jouer avec Xander.

Pandie se plaqua contre l'entrée de la chambre, essayant de ne pas faire de bruit.

Bon, songea Pandie, Sabine maîtrise la situation et ma présence n'est vraiment pas requise ici. Elle marcha sur la pointe des pieds devant le rideau et se glissa dans sa propre chambre.

Elle se débarrassa de ses sandales d'un coup de pied, et s'assit sur sa paillasse pour dormir, examinant l'ecchymose sur son talon, causée plus tôt par le caillou. C'était une blessure légère, pas grand-chose. Mais elle la frotta avec obstination jusqu'à ce qu'elle commence à être vraiment douloureuse. Elle enleva la ceinture de sa toge. Elle en avait vu de magnifiques sur les autres filles, resserrant leurs toges à la taille, les faisant paraître minces. Mais la sienne était petite en cuir et stupide. Elle était maintenant une jeune fille, alors pourquoi ne pouvait-elle porter une ceinture large et argentée comme celle de sa mère ?

Elle songea à sa mère, assise derrière son bureau au temple de Zeus à Athènes… ou comme Pandie l'appelait, le « maître suprême inc., succursale d'Athènes ». Une autre chose qu'elle ne comprenait absolument pas, c'était la raison pour laquelle Zeus avait embauché sa mère. Certainement, sa mère était une bonne organisatrice et elle avait une belle écriture, mais ce n'était pas facile de lui parler. Pas ces derniers temps en tout cas. Peut-être que, comme principale assistante personnelle de Zeus, sa mère n'avait pas à parler ; peut-être qu'elle ne faisait que ranger des affaires et prendre des messages pour la grande prêtresse du temple.

Cette pensée ramena Pandie à son travail, dû depuis longtemps : quoi apporter pour le projet de l'école. Elle savait que certaines classes avaient, elles, travaillé ensemble sur leurs présentations, mais son professeur avait permis à tout le monde dans sa propre classe de « faire leur propre travail ».

Qu'est-ce qui pourrait illustrer la présence persistante des grands dieux de la Grèce dans sa vie ? Elle songea à prendre la statue d'Athéna dans sa niche de l'escalier, mais c'était lourd et chaque maison possédait une réplique d'Athéna ou des autres grands dieux ; rien de spécial là-dedans. Elle pouvait prendre l'un des nombreux présents que sa mère avait reçus de Zeus en guise de chèques de paie : des bracelets en or, des fermoirs de toge en argent, des épingles à cheveux en nacre. Mais comme Zeus aimait employer beaucoup, beaucoup de femmes dans ses différents temples, ces objets étaient aussi courants partout dans Athènes.

Peut-être que si elle faisait une petite sieste, songea-t-elle, elle aurait plus d'énergie pour réfléchir à quelque chose. Il faisait froid dans sa chambre ; les tisons dans son foyer étaient froids comme la pierre depuis le feu du matin.

C'était le bon moment pour recourir à l'astuce. L'astuce que son père lui avait enseignée quand elle était très petite et qu'il lui avait fait promettre de ne montrer à personne.

— Ce n'est pas tout le monde qui peut le faire, Pandora, et nous ne voulons pas que les gens aient du ressentiment.

Elle avait donc gardé l'astuce pour elle-même, mais elle ne croyait pas que c'était quelque chose de spécial.

Elle s'agenouilla près du foyer et souffla doucement sur les cendres foncées. À peine quelques secondes plus tard, une mince volute de fumée commença à s'élever et les plus grosses braises luisirent d'un rouge mat. Elle continua à souffler jusqu'à ce que le rouge mat se transforme en un orange très, très brillant, et les cendres commencèrent à dégager une chaleur réconfortante.

Elle s'étendit de nouveau, la chaleur l'encerclant maintenant. Elle ferma les yeux et… oh ! sa paillasse était tellement confortable. Peut-être pourrait-elle cueillir une plume de paon de son frère pour le projet, pensa-t-elle, alors qu'elle se laissait gagner par le sommeil. Cela ne lui ferait mal que pendant une seconde… et si personne n'était dans les environs pour voir ça…

Et elle s'endormit rapidement.

Elle se réveilla quelques heures plus tard et constata que la maison était silencieuse. Étourdie, elle marcha lourdement vers la chambre de ses parents pour jeter un coup d'œil sur son frère. Elle écarta le rideau et vit Sabine, qui était endormie et qui ronflait sur la paillasse de jour de ses parents, serrant toujours l'objet brillant dans sa main. C'était le préféré de sa mère parmi les présents que lui avait offerts Zeus, un bracelet doré avec trois grosses émeraudes enchâssées. Sa mère serait furieuse d'apprendre qu'on avait permis à Xander de jouer avec le bijou ; Pandie le retira donc avec précaution de la main noueuse de Sabine. Puis, elle se rendit compte que son petit frère n'était nulle part en vue.

Bon, pensa-t-elle, elle rangerait d'abord le bracelet de façon désinvolte et ensuite elle paniquerait. Elle s'agenouilla près de la paillasse servant de lit à ses parents, surélevée à un bon mètre du sol. Fouillant dessous pour trouver la boîte où sa mère gardait les cadeaux de Zeus, ses doigts touchèrent le dessus d'un minuscule croupion à plumes. Elle hurla et retira sa main. Xander, riant aux éclats, sortit en rampant de dessous la paillasse, les boucles d'oreilles de perle de sa mère pendant de sa bouche.

Oh ! génial… pensa-t-elle, mon petit frère aurait pu s'étouffer, et d'une certaine manière, tout le monde m'aurait blâmée.

— Viens ici petit satyre, donne-moi ces trucs ! ordonna-t-elle.

— Non ! ria-t-il par-dessus les boucles d'oreilles, et il recula sous le lit.

— Xander ! Donne-les-moi tout de suite !

Elle commença à se glisser sous le lit pour l'atteindre et, après avoir attrapé l'une de ses petites jambes grassouillettes, elle le tira vers elle. Il hurla de délice et lui donna un coup de pied droit dans le front, laissant échapper les perles.

— Ah ! Toi, petit bouc !

Elle observa les minuscules jambes de Xander contourner la paillasse en courant et sortir de la chambre de ses parents. Un moment plus tard, il lançait ses peaux rembourrées de tous côtés dans sa propre chambre en jubilant. Pandie entendit Sabine qui grinçait des dents alors qu'elle changeait de position.

Dieux ! pensa-t-elle, Hadès pourrait conduire son char hors des Enfers à ce moment précis et Sabine ne se réveillerait pas.

Pandie tendit le bras pour prendre les boucles d'oreilles et chercha à repérer la boîte à bijoux de sa mère. Xander l'avait repoussée contre le mur opposé, derrière une pile de petits rouleaux de tapis de plancher que sa mère gardait entreposés pour la « bonne compagnie ». Pandie poussa les tapis sur le côté… et sentit quelque chose dessous. Enfonçant la main dans les rouleaux, elle s'égratigna sur un bout de métal.

— Aïe !

Palpant le long de la forme, elle tira une bizarre boîte de métal munie d'une petite serrure de bronze.

Le couvercle était fabriqué en or, avec de petites bandes de métal blanc et rouge incrustées. Les côtés et l'arrière étaient en onyx noir, lapis bleu et marbre rose, chaque longueur gravée dans un motif très élaboré décrivant des scènes de la famille. D'un côté, sa mère apparaissait étendue dans un sofa. À l'arrière, Pandie se vit elle-même beaucoup plus jeune, marchant avec ses parents dans une oliveraie. Sur l'autre côté, il y avait son père et sa mère face à face de profil, souriants. Cette image lui disait quelque chose, mais elle ne pouvait se rappeler ce que c'était. La curiosité commença à s'enfler en elle comme une crème laissée trop longtemps à bouillir, et soudainement tout ce qu'elle sut, c'est qu'elle voulait vraiment regarder à l'intérieur.

Mais la vieille serrure était épaisse et elle ne pouvait arriver à la faire céder juste en la secouant ou en la cognant. Ses ongles n'étaient pas assez longs (parce qu'elle passait son temps à les ronger) pour les insérer à l'intérieur, alors elle recula en rampant pour s'emparer de la boîte à bijoux de sa mère et découvrit une épingle à cheveux droite en argent. Elle poussa, agita légèrement et enfonça l'extrémité au fond de la serrure. Résistant au début, elle finit par céder, et le pêne se dégagea avec un minuscule clic.

Soulevant lentement le couvercle, Pandie aperçut la forme d'une autre boîte plus petite à l'intérieur : du bois sombre uni, très simple, avec des coins légèrement arrondis. Elle sortit l'objet de dessous la paillasse et le mit dans la lumière déclinante du soleil d'après-midi.

— Dieux ! dit-elle doucement.

Elle se souvenait de cette boîte. Elle ne l'avait pas vue depuis tellement de lunes qu'elle ne pouvait même pas se souvenir de la dernière fois ; mais elle sut immédiatement ce dont il s'agissait et ce qu'elle contenait.

Pandie la déposa délicatement sur la paillasse. Le bois était vieux, mais lisse ; les charnières et le fermoir étaient fabriqués d'adamant, le même métal qui avait un jour maintenu son père enchaîné à un rocher, comme punition d'avoir donné le feu à l'humanité ; un métal que seul Hercule pouvait briser. Mais il n'y avait aucune serrure sur le fermoir, seulement un large cercle de cire rouge estampillé avec le grand sceau de Zeus.

Elle frissonna. « Ils » étaient toujours là. Elle imagina même qu'elle voyait la boîte glousser un peu, comme si son contenu essayait de sortir.

Son père ne racontait pas souvent cette partie de son histoire, et lorsqu'il l'avait fait, c'était habituellement tard le soir, après quelques verres de vin. Sa voix devenait si basse que Pandie avait de la difficulté à entendre la conversation privée depuis l'escalier, mais elle savait qu'il était en train de se remémorer le moment où Zeus lui avait confié la boîte qui devait demeurer secrète pour toujours.

Après que Prométhée l'eut apportée à la maison et cachée, la majorité du temps, il ne se souvenait même pas que l'objet était en sa possession. Mais Pandie se rappelait de la première fois où elle l'avait découverte à l'âge de 6 ans et de son imprudente course avec l'objet à travers la maison. Elle n'avait jamais vu son père si effrayé. Lorsqu'il avait fini par l'attraper, il avait empoigné la boîte et s'était mis à secouer sa fille. Ce n'est que lorsqu'elle s'était mise à sangloter qu'il s'était arrêté et l'avait serrée si fort contre lui qu'elle avait cru qu'elle cesserait de respirer.

Prométhée l'avait assise par terre, et après un long moment, il s'était tourné vers elle. Il lui avait lentement expliqué, s'efforçant de trouver les mots pour lui faire comprendre qu'elle ne devait jamais, jamais toucher la boîte. Si jamais son contenu sortait de la boîte, l'humanité deviendrait très, très triste.

— Je le promets, papa.

— Bonne fille, Pandora. Maintenant, allons ! Va jouer à l'extérieur, ou quelque chose de semblable, dit-il.

— Avec quoi ? demanda-t-elle.

— Je ne sais pas. Avec le bouc. Avec n'importe quoi.

Dans l'entrée, elle l'avait observé qui se levait lentement, toujours tremblant, et ramenait la boîte à l'étage.

Avec les années, en écoutant dans l'escalier alors qu'elle devait être endormie, Pandie avait fini par apprendre pourquoi exactement cette boîte était si importante et pourquoi son père avait décidé qu'il n'était pas assez prudent de simplement entreposer l'objet sous une pile de tapis. Il avait fait forger une solide boîte de métal et une serrure pour la rendre sécuritaire.

Ce qu'elle ignorait, c'est que depuis ce temps, il avait si souvent regardé dans la boîte, simplement pour se rassurer, que la serrure s'en était affaiblie et était maintenant simple à forcer… avec une épingle à cheveux droite argentée.

Tous les maux du monde se trouvaient dans cette boîte.

Pandie la secoua.

Cela n'avait pas l'air si terrifiant.

Et alors, l'idée surgit dans sa tête.

Et si elle apportait la boîte à l'école pour le grand projet ?

Bien sûr, elle ne l'ouvrirait pas.

Ce serait bête !

Non, il n'en était pas question… que se passerait-il si elle l'échappait ? Ou qu'elle était oubliée par mégarde dans le placard de son école ? Ou laissée au soleil, et le grand sceau commencerait à fondre ?

Elle regarda de nouveau la boîte. C'était un exemple perfecto de la présence persistante des dieux, et personne — personne — n'apporterait rien qui lui ressemblerait. Elle serait tellement prudente. Elle l'emballerait dans une large feuille de papyrus ou du lin de paillasse ou quelque chose de semblable, et l'attacherait très serré avec un solide brin de chanvre.

— Dieux ! murmura-t-elle. J'obtiendrais peut-être une note alpha pour le projet ! Et cela ramènera ma note globale à bêta !

Elle regarda Sabine, qui ronflait toujours.

Pandie serra très fort la boîte, faisant attention de ne pas toucher le sceau, et la transporta dans sa chambre. Elle était en train de la déposer sous sa paillasse, quand elle entendit son père en bas. Elle se redressa rapidement, sa respiration obstruée dans sa gorge.

— Pandora ! appela-t-il. Ma chérie, ta maman n'est pas encore revenue, donc viens m'aider à préparer le repas du soir.

— D'accord, papa, cria-t-elle à son tour en se libérant d'un petit remords… qu'avons-nous à manger ?

— Des restes d'agneau sacrifié et du riz. J'allume le feu immédiatement.

Pandie visualisa le bout de son index droit qui brillait d'une lueur orange comme il le faisait toujours lorsqu'il touchait les brindilles séchées de bois d'allumage.

Elle sortit dans le couloir. Sabine sortait en vacillant de la chambre de ses parents.

— Que se passe-t-il ? Où est votre petit frère ? dit-elle de manière indistincte, toujours somnolente.

— Oh ! il est tombé dans les escaliers et s'est brisé le bras, mais ça va, car Apollon s'est arrêté ici en passant et l'a soigné, de sorte qu'il va bien maintenant. Retournez dormir.

— Où ?

— Je plaisante, Sabine. Il est dans sa chambre.

Laissant la femme muette d'étonnement, Pandie descendit les escaliers.

Chapitre 3

Cher journal

Ce soir-là, Pandie passa un long moment à quatre pattes à regarder fixement la boîte sous sa paillasse. Elle n'avait aucune idée de ce qu'elle pouvait s'attendre à voir, mais elle aurait maintenant voulu disposer de n'importe quelle excuse pour ne pas apporter la boîte à l'école. Dans son estomac, il y avait une pression bizarre, comme une légère douleur. Pelotonné près du foyer, Dido ouvrait occasionnellement un œil sans expression pour fixer sa maîtresse.

Finalement, Pandie se leva, enleva sa toge d'école, et mit ses vêtements pour dormir. Maintenant qu'elle était une jeune fille, elle commençait à détester ses robes de nuit de coton peigné avec le visage d'Iris, déesse de l'arc-en-ciel, et les petites arches multicolores imprimées partout. Elle tira son rideau d'intimité lavande pour le fermer et déplaça son tabouret au pied de ses grandes étagères de bois et tendit les bras vers le haut pour saisir une petite peau de loup brune ; la tête, avec ses deux énormes oreilles, y était encore attachée.

— Allez, Dido, bouge, dit-elle, s'avançant vers le foyer et le poussant avec son pied.

— Tu pourras t'étendre de nouveau une fois que je l'aurai mise sur le plancher.

Dido se déplaça doucement de quelques mètres pendant que Pandie étendait la peau de loup devant le foyer. Pandie s'y étendit, le visage près de la tête de loup, et elle fit signe à Dido, avant de fermer les yeux.

— Cher journal, dit-elle tranquillement dans l'une des oreilles du loup.

Les yeux foncés et sans vie du loup flamboyèrent d'une étincelle jaune verdâtre. C'était un journal pas comme les autres, un présent reçu pour son huitième anniversaire d'Arthémis, la déesse de la Lune qui aimait les objets singuliers. D'autres filles possédaient un journal ordinaire constitué de feuilles de papyrus, qui les obligeait à employer de l'encre de Chine. Mais à cause de la grande affection d'Artémis pour son ami Prométhée, sa fille Pandie était propriétaire d'un journal qui lui parlait.

— Sois bénie parmi tous les mortels. Bonsoir, Pandora. Qu'as-tu à me dire ?

demanda la tête de loup, sa voix à la fois douce et aiguë, pourtant... craquante. Comme quelqu'un qui marchait sur une pile de cailloux rugueux.

— Oh ! vraiment rien.

Elle hésita.

— Aujourd'hui, j'ai vu un garçon que j'aime bien...

— Le même dont tu m'as parlé, il y a deux semaines ? demanda le loup.

— Oui... Tirésias le Jeune.

— Parfait. Je me souviens. Vas-y.

— Ouais ! Bien, c'est à peu près tout. Oh ! Hélène et Hippia ont encore une fois fait des blagues sur papa aujourd'hui. Iole a dit qu'elles devraient faire attention parce que je suis probablement en train d'acquérir mes pouvoirs ou quelque chose de semblable, et je n'ai aucune idée de quels pouvoirs elles parlaient. Es-tu au courant de quelque chose ?

— Pandora, nous en avons déjà discuté avant : j'enregistre ce que tu dis simplement comme une source de références et de souvenirs. Je te dirai tout ce que tu as déjà fait, ou dit, ou pensé, à condition que tu me l'aies raconté, mais je ne peux te conseiller à propos de l'avenir.

— Ouais ! Ouais ! parfait, répondit Pandie.

— Oh ! le moral n'est pas fort ce soir, n'est-ce pas ? Je ne crois pas qu'il soit nécessaire de prendre ce ton, Pandora, dit le loup.

— D'accord… bien, alors, c'est tout.

— Vraiment ?

— Oui.

— Très bien alors, dit la peau.

Pandie fit une pause.

— Pourquoi ? demanda-t-elle.

— Rien, répondit le loup.

— Non, quoi ?

— J'ai simplement cru que tu voudrais me parler de la chose qui se trouve sous la paillasse.

— Quelle chose ? Je ne…

— Pandora ! devrai-je te remémorer cette journée où tu m'as dit : « Aujourd'hui est le jour où je cesse de mentir pour toujours » ? J'ai cette entrée juste sur le bout de ma langue, petite fille. D'ailleurs, je peux voir la chose d'ici. Je ne te le demanderai pas, mais si tu veux me le dire, je suis tout oreilles.

— C'est une simple boîte, dit Pandie en tentant de paraître désinvolte. Une boîte que Zeus a offerte à papa. Et je vais juste l'apporter à l'école demain et la montrer et… et… c'est tout. Pas de problèmes !

Il y eut une longue pause.

— Je vois, dit le loup. La curiosité a tué le sanglier de Calydon, tu sais.

— Ouais ! hein ?

Il y eut un long, long silence.

— Est-ce tout, Pandora ?

— Oui, marmonna Pandie, c'est tout. Sauf si Dido a quelque chose à me dire.

Dido ouvrit immédiatement les yeux et fixa directement le loup, gémissant doucement et jetant de temps en temps un coup d'œil à Pandie. Après environ deux minutes, durant lesquelles le loup marmonnait des choses comme « Oh ! » et « Ah, ah ! », Dido baissa la tête de nouveau et ferma les yeux.

— Pandora, dit le loup. Dido va bien. Mais il demande que tu le laisses dormir au bout de ta paillasse ce soir parce qu'il a un peu froid ; il veut aussi que tu lui donnes plus de viande et pas autant d'entrailles dans son bol de nourriture, et que tu cesses de mentir !

— Ouais ! d'accord… d'accord… attends… quoi ?

— Bonsoir, fille de Prométhée. Dors bien dans les bras de Morphée. Bénie sois-tu entre tous les mortels.

Et sur ces mots, la tête de loup devint silencieuse.

— Je ne mens pas, c'est vrai, dit Pandie.

Pandie se leva et roula la peau, qu'elle replaça sur l'étagère. Après s'être curé les dents, elle grimpa sur la paillasse et se glissa entre les draps. Elle se tourna sur le côté et trouva Dido, complètement éveillé et regardant fixement son visage.

— Oh ! d'accord, monte, dit-elle.

Dido bondit immédiatement au bout de sa paillasse, tourna trois fois sur lui-même et s'installa.

Pandie se contenta de demeurer là avec ses bras croisés sur sa poitrine.

— Et je ne mens pas.

Dido, presque endormi, fit un tout petit ronflement.

Chapitre 4

L'école

Le matin suivant, Pandie eut la vague impression que tous ses rêves avaient été misérables, et elle était reconnaissante de ne pas vraiment s'en souvenir. Elle se tint devant le feu de foyer pendant un moment, puis mit ses dessous et enfila sa toge de lin de coton brun toute simple. Elle s'examina dans sa glace. Le bouton qui menaçait de croître à la taille d'un volcan le jour précédent avait heureusement décidé de ne pas saillir sur son nez, et il n'était plus maintenant qu'un minuscule point rouge, mais le coup de pied de Xander avait causé une jolie ecchymose violette sur son front.

Elle regarda ses yeux bruns qu'elle détestait parce qu'ils n'étaient pas bleus, et ses cheveux brun droits qu'elle détestait parce qu'ils n'étaient pas bouclés, et ses dents qu'elle détestait à cause de sa légère surocclusion.

— Grande Aphrodite, murmura-t-elle, permets-moi tout simplement d'être jolie pour une journée.

Elle songea à Hélène et à Hippia, et à comment les jeunes avaient dévié de leur route pour marcher près d'elles et avaient laissé des narcisses sur leur chemin. Elle ne pouvait comprendre comment les dieux pouvaient accorder autant de faveurs aux deux filles les plus mesquines de l'école.

Sabine appela d'en bas.

— Premier repas !

— J'arrive.

Elle enleva ses cheveux de son visage en les attachant avec une épingle en écaille de tortue, l'un des présents « Tu es maintenant une jeune fille ! » reçus de ses parents.

En descendant, elle vit son père au comptoir d'égouttement, emballant son repas d'école comme à l'accoutumée, pendant que Sabine était debout près de lui, à renifler des légumes pour le repas du soir.

Sa mère était assise à la table, taquinant son petit frère avec des cuillerées d'avoine à la crème alors qu'elle essayait de le faire manger.

— Où habite le Lion de Némée ? Hein ? Allez, mon chéri, ouvre la bouche. Juste une bouchée pour maman ? Où habite-t-il ? Dans sa caaaave !

Sybilline portait un autre nouveau bracelet sur son poignet : Zeus avait été évidemment très généreux avec sa paie le jour précédent. C'était de l'argent torsadé avec une pierre jaune de la taille d'une olive posée au milieu, et sa forme rehaussait l'apparence parfaitement sculptée du poignet et des doigts de Sybilline. À vrai dire, sa mère aurait pu être une statue, songea Pandie. Ses cheveux, de la couleur de pièces d'or, sans jamais une boucle déplacée ; son nez aquilin et ses yeux en amande étaient des sujets de discussion dans les étals de marché chaque fois que Sybilline allait faire ses emplettes. Mais c'était sa peau qui était vraiment parfaite : lisse comme la porcelaine, sans taches de rousseur ni trace d'une seule ride. Pandie avait perdu le compte des fois où elle avait contemplé son propre reflet, essayant par ses prières d'effacer les taches de rousseur piquetant son nez et ses joues.

— Des taches d'Apollon, avait dit son père, la surprenant un soir à pleurer devant son miroir. Cela veut tout simplement dire que le dieu du Soleil t'aime plus que tout.

Pandie ne le croyait pas. Elle croyait que sa mère avait conclu une sorte de marché avec le « dieu de la laideur » (même si elle savait qu'un tel dieu n'existait pas) pour qu'il lui donne la fille la plus hideuse, de sorte que tout le monde trouve toujours Sybilline plus magnifique.

— Bonjour ma fille, dit Sybilline.

Pandie fit un petit salut.

— Bonjour maman.

— Juste un moment, Pandora, dit sa mère, l'arrêtant net. Qu'y a-t-il sur ton visage ?

— C'est juste une ecchymose. Xander et moi étions en train de jouer…

— Non, ma chère, pas cela.

Sybilline pointa le nez de Pandie.

— Cela !

Pandie toucha ce qui restait du bouton, encore plus petit qu'avant.

— Oh ! ma chérie, soupira sa mère. Je voudrais juste qu'une fois dans ta vie, tu m'écoutes. Un petit peu d'urine de chèvre sur ces boutons et, hop ! c'est parti !

— Mmmaman !

Pandie détestait cela.

— Sabine, voulez-vous s'il vous plaît terminer de nourrir Xander ? Je ne suis tout simplement pas capable de le faire manger. Tu sais, ma chérie, hier je parlais aux mères d'Hélène et d'Hippia, et ces filles réussissent très bien. Des élèves qui ne récoltent que des alpha et qui sont meneuses de claques. Si bien adaptées. Et tu pourrais leur ressembler, Pandora, si tu pouvais en faire juste un petit peu plus…

— Syb ! cria le père de Pandie, du comptoir d'égouttement.

— Bien, c'est vrai, ma chérie, dit Sybilline, enveloppant le visage de Pandie de sa main libre alors qu'elle tendait à Sabine la cuiller utilisée pour nourrir Xander. Tu as tellement de beaux traits, ma belle prune ; si seulement tu ne les cachais pas. Peut-être quelques frisettes pour tes cheveux, humm ? Peut-être un peu plus d'exercice et tu pourrais perdre…

— Ses cheveux sont corrects, Syb, dit Prométhée pendant que Pandie s'éloignait de sa mère le dos voûté.

— Salut papa, dit-elle, se dressant sur ses orteils alors qu'il se penchait pour recevoir son baiser. Pandie se souvenait d'une époque où son père était plus fort et plus athlétique, courant après elle parmi les cyprès durant les pique-niques familiaux ou harnachant les étalons à leur char. Maintenant, après des années comme propriétaire de sa propre entreprise de construction d'atriums résidentiels et tous les ennuis dont il devait s'occuper, sa charpente robuste était un peu moins musclée, ses rides s'étaient multipliées et sa peau s'était affaissée.

— Salut, ma chérie.

— Qu'y a-t-il pour le repas du midi ? demanda-t-elle, puis elle répéta alors ce qu'on lui avait dit : « Des feuilles fourrées aux raisins, du pain plat, de la chèvre séchée, des olives et des gâteaux à l'avoine. »

— Bien, ma chérie, si tu veux préparer ton propre repas…

— C'est parfait, papa. Merci, dit Pandie, souriant.

Elle lui donna un coup pour jouer, se nichant près de lui, appréciant son odeur de cuir et d'huile de cèdre. Pour la première fois, elle se rendait compte que ses cheveux noir jais grisonnaient un peu sur les côtés et que ses yeux bruns semblaient un peu plus las.

— Tu veux un bol d'avoine à la crème ?

— Non. Je n'ai pas vraiment faim. Juste un peu de ceci, dit-elle en insérant la main dans le pot de dattes.

— Qu'est-ce que tu apportes pour ton grand projet d'école, ma chérie ? C'est pour aujourd'hui, pas vrai ? demanda Prométhée.

Pandie se figea sur place, leur proximité momentanée s'évaporant. Comment était-il au courant du projet ? Comment ses parents savaient-ils toujours tout ? La moitié du temps, ils ne se souciaient pas d'elle du tout, et l'autre moitié, ils lui posaient des questions sur des sujets qu'elle aurait préféré voir oubliés.

Elle ne voulait pas mentir à son père (elle se rappelait les propos de son journal qu'elle aurait voulu écarter) ; dernièrement, elle s'était mise à grogner oui ou non à n'importe quelle de ses questions. Mais il n'y avait aucun moyen de sortir de ceci.

— Hum ! je n'ai pas vraiment décidé, répondit-elle.

C'était un peu vrai, songea-t-elle : si elle trouvait quelque chose de mieux qu'une boîte qui contenait tous les malheurs du genre humain, scellée par Zeus lui-même, elle s'en servirait.

— Je pourrais apporter du maïs rôti, dit-elle, réfléchissant rapidement. Ajouter un peu d'eau et le laisser cuire au soleil et l'utiliser pour démontrer comment Déméter, la grande déesse de la moisson, nous procure notre nourriture. Cela illustrerait comment… ils… les dieux… hum… nous… influencent… maintenant.

Elle jeta un coup d'œil à son père pour vérifier si son explication avait fonctionné.

— Bon, dit-il, serrant la corde de chanvre sur son sac de nourriture, cela semble… bien. Mais après deux mois, je m'attendais à un peu plus de toi, ma chérie.

— Un peu plus ? dit Sybilline, nettoyant l'avoine crémeuse de ses doigts parfaits. Dieux ! Pandora, avec tous les présents que je me suis fait offrir, tu pourrais prendre le plus simple bracelet et dire que les dieux sont présents dans nos vies quotidiennes parce qu'ils me… je veux dire nous… bien… ton père et moi, procurent des richesses pour notre vieillesse !

Personne ne dit rien.

— Oh ! oublie ça. Les coursiers d'Apollon sont en train de galoper dans mon cerveau. Je dois me débarrasser de ce mal de tête avant d'aller travailler cet après-midi. Je vais prendre un bain, dit-elle, levant gracieusement une main vers son front. Bonne chance, ma fille.

Sybilline se pencha légèrement pour ne pas tout à fait embrasser la tête de Pandie, puis s'envola à l'étage.

— Il y a eu une célébration à l'heure de l'apéritif au temple hier, dit Prométhée après un moment. Ta mère a pris un peu trop de vin.

— Je suppose que oui. D'accord, alors merci pour le repas, papa. Je te vois plus tard.

Pandie s'empara du sac et se dirigea vers l'escalier.

— Hé ! idiote ! L'école est de ce côté ! dit Prométhée, pointant vers la porte.

— Exact, dit Pandie, se voûtant quelque peu.

Toute cette escroquerie lui donnait légèrement la nausée.

— J'ai juste oublié mes sandales d'athlétisme. Je reviens tout de suite.

Dans sa chambre, elle vida le contenu de son sac de victuailles, qu'elle déposa dans son panier qui servait à recueillir ses toges sales. Puis elle glissa le bras sous sa paillasse pour en retirer la boîte de bois. L'enveloppant dans l'un de ses voiles de soie, qu'elle portait lors de festivals, elle se hâta de la fourrer dans son sac et attacha de nouveau la corde de chanvre. Elle trouva un vieux ruban pour les cheveux et l'enveloppa rapidement autour du chanvre. Finalement, elle inséra l'une de ses épingles à cheveux à travers le col du sac.

Soudain, elle se sentit comme cela lui arrivait toujours lorsqu'elle faisait quelque chose qu'elle savait que personne n'aimerait : fatiguée, une lourdeur au ventre, et un peu en colère. Elle était presque sortie de sa chambre quand elle se souvint de ses sandales d'athlétisme. Les lançant par-dessus son épaule, elle descendit et se dirigea vers la porte.

— Hum ! excuse-moi, Pandora ? dit son père.

Elle sursauta.

— Quoi ? Oh ! désolée, papa. Hum ! quoi ?

— Où est ton sac de fournitures pour l'école ?

— Je n'ai pas besoin de l'apporter aujourd'hui, papa. Les cours ont été annulés à cause du projet sur les dieux.

— Bien alors, que penserais-tu d'un baiser à ton vieux père ?

Elle leva la tête vers sa joue barbue et lui donna un gros baiser. Avant de se retourner pour partir, elle le serra très fort autour de la taille.

— Je t'aime, papa. Plein de phileo.

— Encore plus pour toi, ma fille, répondit-il.

Pandie se mit à courir vers l'école, se sentant comme son oncle Atlas : un peu comme si elle portait le poids des cieux.

L'école secondaire pour jeunes filles d'Athènes était située dans un grand bois de cyprès, juste à l'extérieur des principaux murs de la ville. La ville venait tout juste de décréter que l'on permettrait aux filles et aux jeunes filles de recevoir une éducation ; les bâtiments et le bois réservés à l'enseignement extérieur étaient donc nouveaux et bien tenus. L'école était très progressive, offrant des cours d'athlétisme, de mathématiques et de toutes les sciences connues, de philosophie et de cuisine gastronomique. Au cœur de l'école, il y avait l'amphithéâtre extérieur : un vaste demi-cercle avec quantité de rangées de bancs disposés sur un flanc abrupte de colline. Plus de 600 élèves à la fois pouvaient regarder des pièces de théâtre ou entendre des conférences de visiteurs poètes, conteurs et grands penseurs, qui se tenaient sur la scène en contrebas. À cause de la forme conique de l'amphithéâtre, même le plus petit murmure sur scène pouvait être entendu dans la plus haute rangée de sièges. Une rumeur courait selon laquelle l'amphithéâtre avait en fait été construit sur un volcan récemment éteint, ce qui expliquait pourquoi on pouvait donner des cours d'hiver à cet endroit grâce à la chaleur souterraine qui gardait tout le monde au chaud.

Arrivant en retard, Pandie vit Alcie et Iole parmi une vaste foule d'élèves se dirigeant vers l'amphithéâtre.

Elle lança ses sandales dans son armoire d'école, et serrant le sac contre elle, elle se précipita pour les rattraper.

— Hé ! dit Pandie, finissant par les rejoindre à travers la foule.

— Nous commencions à être inquiètes, dit Iole.

— Qu'as-tu finalement décidé d'apporter ? demanda Alcie.

— Tu verras. C'est cool.

— Tu ne nous le diras même pas ? Tu veux nous mettre dans le même panier que tous les autres plébéiens et les têtes d'argile qui sont ici ? demanda Alcie.

— Ouais !

— Pas même un indice ? demanda Iole.

— Non.

— Parfait, répondit Alcie. Alors tu ne verras pas les orteils de papa avant tout le monde.

— Peu importe. Hé ! Iole, qu'y a-t-il sur ta joue ? demanda Pandie.

Sur sa joue droite, Iole avait peint avec de l'argile jaune une reproduction presque parfaite d'une grande empreinte de doigt.

— Juste une petite illustration. Au cas où quelqu'un voudrait savoir exactement où Apollon m'a guérie.

Alcie et Pandie ne firent qu'échanger un regard, gagnant leurs sièges parmi des centaines d'autres jeunes filles.

Pendant les quelques heures qui suivirent, toute l'école regarda les élèves qui faisaient la démonstration du thème du projet.

Il y avait des armes de toutes les sortes qu'avaient apportées certains élèves dont les pères prétendaient qu'elles avaient été offertes par Arès.

Plusieurs filles avaient apporté des pots de crèmes de beauté, des onguents, et des lotions qui sentaient mauvais, que leur mère avaient juré qu'ils étaient des présents d'Aphrodite elle-même.

Toute une classe donna un spectacle sur Athéna qui remettait l'olivier à Athènes, devenant ainsi la déesse protectrice de la ville. Hélène et Hippia avaient demandé avec tellement de force de jouer le rôle d'Athéna que, maintenant, les deux filles étaient debout sur la scène, récitant en alternance les vers d'Athéna et se repoussant l'une l'autre à l'occasion.

Certaines filles avaient écrit des poèmes, d'autres avaient composé des chansons. Une fille plus âgée avait même fait trotter son veau à deux têtes, prétendant qu'Héra avait de toute évidence béni la famille.

— Ouais ! murmura Alcie du coin des lèvres, même quantité de lait, deux fois plus de nourriture. Toute une bénédiction.

Finalement, la classe de maître Épéus prit la scène.

Iole était la suivante après la performance d'une fille qui avait préparé un spectacle de marionnettes plutôt élaboré : « Pourquoi nous avons l'hiver ». Pandie et Alcie étaient inquiètes de l'accueil que risquait de subir Iole avec sa triste petite empreinte de doigt, mais d'une voix claire qui semblait trop forte pour son petit corps, Iole raconta l'histoire de sa maladie, des ferventes prières de sa mère et du toucher guérisseur d'Apollon. Son histoire était si simple et si poignante que, non seulement l'amphithéâtre devint-il silencieux, mais même les oiseaux et les écureuils furent absolument muets.

Lorsqu'Iole eut terminé, Pandie remarqua que les plupart des élèves et quelques-uns des professeurs avaient les larmes aux yeux. Alors qu'Iole amorçait sa sortie de scène, les applaudissements commencèrent, jusqu'à devenir une clameur qui dura plusieurs minutes.

— C'était vraiment extraordinaire, Iole, dit Pandie, comme son amie se glissait dans son siège.

— Belle présentation, dit Alcie. D'accord, j'y vais.

Alcie s'avança vers la scène, transportant un petit sac de soie bleue. Fouillant à l'intérieur, elle en sortit un appareil qui ressemblait à quatre amandes blanchies sur une minuscule corde. Elle tint l'objet haut pour que tout le monde le voie.

— Ce sont les orteils de mon père !

Après le premier grognement collectif, quelques élèves commencèrent à rire. À mesure qu'Alcie marchait, secouant les orteils au-dessus de sa tête et racontant à nouveau l'histoire de la façon dont son père avait perdu les originaux et s'était fait fabriquer des orteils de bois, tous se joignirent au rire. Puis, quand elle dit qu'elle pouvait toujours savoir quand il n'avait pas ses sandales à cause du tapage qu'il faisait, le rire s'éleva à tel point qu'Alcie n'eut même pas à ouvrir la bouche. Elle se tint finalement juste là, secouant sporadiquement la corde d'orteils au-dessus de sa tête, les élèves tombant les uns sur les autres, emportés dans la crise d'hystérie.

Iole était en train d'essuyer les larmes de ses yeux comme Alcie les rejoignait.

— Mon côté me fait mal. Je ne peux marcher, dit-elle d'une voix haletante.

— Ouais ! bien mon père non plus, dit Alcie.

Pandie était trop nerveuse pour vraiment rire. Durant le discours d'Alcie, elle avait détaché le ruban et la corde de chanvre. Maintenant, elle tenait très fort le sac entre ses deux mains.

— J'y vais.

Elle monta les marches et se rendit au milieu de la scène, tenant le sac derrière elle, puis elle tourna son visage vers la foule.

Elle aperçut immédiatement le regard de maître Épéus, qui fronçait ses sourcils, déjà déçu, et pointait vers les ongles d'orteil.

Certaines filles étaient encore en train de rire du spectacle qu'avait donné Alcie, mais lorsque Pandie demeura muette pendant quelques secondes, elles se calmèrent.

— Mon nom est Pandora Atheneus Andromaeche Helena, fille de la maison… la grande maison de Prométhée.

Elle entendit quelques soupirs et un fort sifflement. Elle savait ce à quoi ils s'attendaient.

— Vous connaissez tous l'histoire, plongea-t-elle, de la façon dont mon père a volé le feu du seigneur du Ciel, Zeus, et l'a apporté sur Terre pour que l'humanité puisse se réchauffer et être en sécurité. Et vous savez que Zeus l'a puni en laissant un grand aigle manger chaque jour son foie, qui se régénérait chaque nuit.

— Et ça recommence, grogna une jeune fille dans la première rangée.

Pandie regarda la foule des filles, qui murmuraient entre elles et ne lui prêtaient aucune attention. Certaines étaient en train de se lever et de partir. Même les professeurs semblaient ennuyés.

— Mais il y a une seconde partie à sa punition que vous ne connaissez pas. Quelque chose que mon père n'a jamais raconté parce que c'est si terrible que beaucoup d'entre vous... tomberont sans connaissance. Et parce que ça, c'est mon père.

Quelques filles cessèrent de murmurer.

— En plus du foie de mon père dans un bocal, que je n'ai pas apporté, Zeus lui a remis une boîte contenant... — elle fit une pause — ...tous les malheurs du monde.

Les professeurs commencèrent à la fixer étrangement.

— Chacun des grands Olympiens a déposé quelque chose de vraiment mauvais dans la boîte et ils l'ont donné à mon père pour qu'il garde cela en sécurité. Si la boîte devait être ouverte, des fléaux de toutes sortes... s'échapperaient et tourmenteraient chacun de vous pour le reste de votre vie. Votre peau ferait des cloques. Vos cheveux tomberaient. Des bêtes sauvages vous dévoreraient dans votre sommeil. Il grêlerait tous les jours et il y aurait beaucoup d'inondations. Et il n'y aurait rien que vous pourriez faire sinon pleurer et supplier les dieux. Rien !

En un rapide mouvement, elle sortit le sac de derrière son dos, retira la boîte et l'éleva haut par-dessus sa tête.

— Et ces fléaux sont tous ici !

Chapitre 5

Oh, oh!

Il y eut un silence de mort dans l'amphithéâtre.

Se sentant juste un peu plus intrépide maintenant qu'elle avait obtenu leur attention, Pandora s'avança lentement vers un petit escalier de l'autre côté de la scène.

— Peut-être que certains d'entre vous ne me croiront pas.

Pandie descendit l'escalier.

— C'est une boîte très simple.

Elle s'avança vers quelques filles terrifiées dans la première rangée.

— Ça n'a pas l'air d'une si grande importance.

Impulsivement, elle porta la boîte juste devant le visage de Brynhild, l'élève qui faisait partie du programme d'échange des Vikings, et qui la battait constamment durant la lutte. Brynhild hurla et tomba de son banc à la renverse.

— Mais ici… dit Pandie en pointant vers la cire rouge durcie, se trouve le grand sceau de Zeus lui-même, marqué de son éclair !

Elle rebroussa chemin vers les escaliers et remonta sur la scène, non sans avoir effrayé quelques autres élèves en dirigeant la boîte sous leur nez.

— Je l'ai apportée pour vous montrer que, même si maintenant vous tenez le feu pour acquis, mon père — toute ma famille — vit constamment avec la présence des dieux. Et nous… nous tous, mais principalement mon père… nous vous sauvons chaque jour d'un destin pire que la mort !

Elle s'arrêta. Des centaines de paires d'yeux terrifiés se braquèrent sur elle.

— Merci beaucoup.

Serrant très fort la boîte contre elle, elle sortit de la scène en silence.

Alcie et Iole l'accueillirent au moment où elle descendait les marches.

— Tu plaisantes avec cette boîte ? dit Alcie, ses sourcils soudés en une longue ligne.

— Non.

Le visage presque livide, Iole regardait Pandie fixement.

— Tu as pris un vilain risque en l'apportant à l'école.

— Ce n'est pas grave, répondit Pandie, replaçant la boîte dans le sac. Regarde… elle a disparu !

Mais elle tremblait très fort alors qu'elle commençait à s'éloigner.

— Où vas-tu ? demanda Alcie.

— Je dois ramener cette boîte à la maison.

— Parfait, nous t'accompagnons, répliqua Alcie.

Elles revinrent le long du portique pour récupérer les sandales d'athlétisme de Pandie et étaient presque rendues à son placard quand Hélène et Hippia surgirent de derrière une colonne.

— Hé Pandie ! dit Hélène. Tout un tour. Tromper tout le monde de cette façon, dit-elle.

— Quoi ?

— Tu ne t'attends pas vraiment à ce que quiconque croie que le mal sous toutes ses formes se trouve dans cette petite boîte, n'est-ce pas ? Tout le monde raconte combien c'était une blague stupide et à quel point tu es une perdante, dit Hippia.

— Je crois que j'ai entendu maître Épéus dire qu'il aurait aimé te donner une note plus faible qu'un delta. Peut-être un oméga, dit Hélène.

— Bien, tant pis et ça ne me dérange pas…

— Laisse-moi la voir, dit Hélène.

— Comme si on allait faire ça ! dit Alcie.

— Allez… juste une seconde, dit Hippia.

— Regardez. Je sais que vous êtes folles toutes les deux, mais il n'est pas question… dit Iole.

— La ferme, idiote ! Allez, Pandie, s'il te plaît ? dit Hippia.

— Pas question.

Pandie se retourna vers son placard, avec l'impression de venir tout juste de gagner une bataille. Enfin, elle possédait quelque chose que ces filles voulaient !

— Pandie… dit Hélène d'une voix mielleuse. Hippia et moi n'avons pas été très gentilles avec toi hier à propos de la fête prébacchanales et tout le reste. Nous croyons que ce serait peut-être amusant si tu étais là. Et nous avons parlé à Tirésias le Jeune. Il te trouve très jolie, et sa cavalière a attrapé une sorte de variole, donc il n'a personne pour l'accompagner.

— Alors, continua Hippia, laisse-nous regarder la boîte et nous organiserons toute l'affaire.

Pandie se retourna pour lui dire exactement dans quelle partie des Enfers elles pouvaient aller, lorsqu'Hélène reprit la parole.

— Tes amies peuvent aussi venir.

Dieux !

Dieux ! si elle avait été seule, elle serait partie sur-le-champ. Mais maintenant, Alcie et Iole étaient concernées. Pandie n'était pas idiote. Les trois n'avaient pas beaucoup d'autres amies et la plupart des filles trouvaient le trio bizarre. Des perdantes et des plébéiennes ; voilà les mots que tout le monde employait. Ce n'était pas seulement sa chance d'aller à la fête avec les filles populaires, mais c'était aussi celle d'Alcie et d'Iole. Elle regarda Iole, qui la dévisageait à son tour comme pour dire : « N'y pense même pas. » Mais Pandie vit une lueur d'excitation passer dans les yeux d'Alcie, même si celle-ci s'efforçait de donner l'impression que c'était sans importance. C'était une occasion pour les trois amies d'être autre chose que des perdantes, autre chose qu'elles-mêmes.

— Parfait, finit-elle par dire, mais faites attention et ne touchez pas au sceau.

— Pandie ! hurla Iole.

— Ça va, idiote, nous ne lui ferons rien, dit Hippia.

Pandie mit la main dans son sac pour en retirer la boîte qu'elle tendit à Hélène, mais une sensation de plomb apparut soudainement dans son bras. Et la douleur revenait dans son estomac.

Iole s'interposa entre Pandie et Hélène.

— Pandie, ne fais pas ça ! C'est fou ! C'est absurde ! C'est incongru ! C'est…

— Ferme-la, idiote !

Hélène avança le bras en la contournant et saisit brusquement la boîte de la main de Pandie. Les deux filles l'examinèrent avec attention, sans toucher le sceau rouge.

— Ça n'a pas l'air si horrible. C'est simplement une boîte. Et il n'y a pas de serrure. Zeus n'aurait jamais fait confiance à ton perdant de père avec une boîte sans serrure contenant le mal, dit Hippia.

— Peu importe, dit Pandie. Maintenant, remets-la-moi.

— Peut-être. Dans une minute. Nous verrons, dit Hélène, sa fausse douceur disparue.

Pandie se rendit compte de l'énormité de son erreur. Ces filles n'accepteraient jamais, jamais d'être ses amies. Elles étaient tout aussi mesquines qu'elles l'avaient toujours été. Rien n'avait changé.

— Ce n'est pas vraiment le sceau de Zeus. On dirait tout simplement que tu as fait fondre de la cire et dessiné un éclair dessus, dit Hélène, en commençant à promener son doigt sur le grand sceau rouge.

— Ne fais pas cela, Hélène ! cria Pandie. N'y touche pas ! Tu ne dois jamais toucher le sceau.

— Pourquoi pas ? Ce n'est qu'une petite boule de cire ! C'est probablement ta petite andouille de frère qui a fait de la peinture au doigt dessus.

Et elle posa son index sur le dessus du grand sceau de Zeus.

— Tu vois ? Qu'est-ce que c'est…

Mais elle ne put retirer son doigt de la cire, qui commençait lentement à faire des bulles et de la mousse.

— Oh ! Ah !

— Donne-moi la boîte ! dit Pandie.

— Prends-la ! hurla Hélène, la poussant vers Pandie.

Mais la boîte ne voulait plus quitter les mains d'Hélène. Hippia essaya de la lui arracher des mains, et en faisant cela elle toucha aussi le sceau. Ses mains se collèrent sur la boîte, comme si elle était faite de goudron. La cire fondait et fumait en une fine brume qui éclaboussait et brûlait Hélène et Hippia, qui se mirent à hurler sauvagement. Ensuite, de larges cornes noires recourbées commencèrent à pousser au milieu de leur front. Puis leurs dents s'élargirent et s'aplatirent dans leur bouche. Jusqu'ici, Pandie n'avait qu'entendu parler d'histoires de créatures appelées rhinocéros. Iole avait battu en retraite vers les placards, mais Pandie et Alcie étaient clouées sur place à l'endroit où elles se tenaient.

— Dieux ! je suis désolée. Je suis désolée. Je suis désolée, murmura continuellement Pandie, observant les filles qui subissaient leur transformation. Soudain, avec une force de volonté qu'elle ne croyait pas posséder, elle se décloua du sol et bondit rapidement vers l'avant. Elle saisit l'arrière de la boîte et tira un grand coup. La boîte quitta facilement les mains d'Hélène et d'Hippia, mais la force de la traction de Pandie et le manque de cire sur le couvercle adamantin firent en sorte que le couvercle s'ouvrit vers Pandie.

Sursautant, elle laissa tomber la boîte, qui atterrit à quelques centimètres d'Hélène et d'Hippia.

Il y eut un énorme craquement de tonnerre.

Rien d'horrible ne sortit. Rien ne sortit du tout.

Il y eut une longue pause.

— Regarde-moi ! hurla Hippia, ses mots laborieux résonnant par-dessus ses grandes dents.

— Je te remettrai tout cela, petite...

Juste au même moment, le sol commença à trembler légèrement.

— Regarde, murmura Iole.

Une vrille de fumée noire était en train de flotter lentement hors de la boîte. Une vrille verte se joignit à elle, puis une grise. Puis une brune, une rouge, une couleur rouille, une jaune. L'une après l'autre, elles formèrent un hideux arc-en-ciel de fumée qui s'élevait dans le firmament. La fumée commença à jaillir de plus en plus vite jusqu'à devenir un geyser. Trébuchant, Hélène et Hippia se retrouvèrent trop près du torrent, qu'elles frôlèrent.

Instantanément, les deux filles se mirent très rapidement à changer de forme, se transformant de rhinocéros en de gros rats moustachus, des sangliers maigres et tachetés, des pythons à rayures roses et rouges, de démesurés reptiles vert lime et toutes sortes d'autres espèces de bêtes. Leur peau se durcit pour devenir du cuir brun, se cristallisa et forma des écailles, puis devint de la fourrure rêche et grise. Des poils rigides de l'épaisseur de brindilles de buisson émergèrent d'oreilles porcines pointues alors que les filles se transformaient de serpents en cochons. Leurs pieds difformes devinrent des serres, se changèrent en sabots, puis en griffes, et finirent par disparaître complètement. Finalement, les deux filles se muèrent en de larges salamandres noires sans pattes, cherchant leur souffle et rebondissant sur les pierres comme des poissons.

Le torrent de fumée continua à gronder. Puis il cessa abruptement. Pandie fixa la boîte. Elle vit quelque chose qui ressemblait à une fine brume argentée commençant lentement à s'élever. Elle ferma brusquement le couvercle. De lui-même, le fermoir d'adamant pivota en place. Le sol tremblait violemment et Pandie put voir le ciel maintenant strié de lignes de rouge, de jaune et de gris, fusant dans tous les sens au-dessus de la campagne. De forts hurlements et de hauts cris retentirent dans tout Athènes.

Pandie n'avait aucune idée de ce qu'elle faisait lorsqu'elle prit la petite boîte. Elle sut simplement qu'elle devait la ramener à la maison. Sanglotant, elle se tourna vers ses amies.

— Courez ! cria-t-elle. Courez, courez, courez !

Alcie décolla comme un chevreuil, mais Iole était rivé sur place à regarder fixement ce qui avait jadis été Hélène et Hippia. Pandie lui saisit la main et la tira le long du portique. Les nouveaux bâtiments de l'école se désagrégeaient autour d'elles. Les colonnes de marbre de l'entrée principale chancelaient de façon précaire, et elles faillirent se faire mettre en pièces par les morceaux du toit qui glissaient vers le sol. Des élèves fuyaient dans toutes les directions. Pandie entendit une forte explosion derrière elle et, regardant en arrière, elle vit un gros jet de cendres rouges qui s'élançait du centre de l'école. Donc la rumeur était bien vraie : l'amphithéâtre était construit sur le dessus d'un volcan !

Elle courut vite, à travers les bâtiments qui s'effondraient et les arbres déracinés. À travers les gens chancelants, blessés, en pleurs et confus.

Aucune des filles ne s'arrêta dans sa course sur la terre tremblante, contournant des ruisseaux en crue, dépassant des chars à bœufs renversés et des rochers en chute, jusqu'à être rendue à la maison sous sa propre paillasse.

Chapitre 6

De retour à la maison

— Pandora !

À travers la porte extérieure, Prométhée fit irruption dans la pièce principale, trébuchant sur un coussin de plancher vert glauque et renversant deux lampes à l'huile antiques dispendieuses.

— Pandora… descends ici !

Sybilline était debout dans le couloir devant le grand miroir, ajustant sa ceinture argentée et pinçant légèrement ses joues une dernière fois, essayant de ressembler aux nymphes des fresques peintes sur les murs environnants.

— Où est-elle, Syb ?

— Elle est en haut dans sa chambre, je suppose. Elle est passée près de moi il y a quelques lignes sur l'horloge solaire. Pourquoi hurles-tu ?

Elle capta son reflet dans la glace.

— Prométhée, que se passe-t-il ?

— Paille mouillée, fumier, boue... toutes les choses inimaginables !

Prométhée arpentait le sol à grandes et furieuses enjambées.

— Moi, le plus fort et le plus intelligent des Titans ! Moi, qui ai tenu le feu dans la paume de ma main, qui ai enchaîné les oiseaux du lac Stymphale, qui ai écouté sain et sauf le chant des Sirènes, qui ai choisi le plus féroce chiot à trois têtes comme chien de garde de l'enfer ! Et maintenant, je suis couvert de... fumier.

Effondré, il plaqua la seule partie propre de lui-même, son épaule, contre le mur.

— Quand j'ai vu le ciel s'assombrir si tôt, j'ai compris que quelque chose n'allait pas. Je n'ai même pas terminé l'atrium de la famille Atropos. N'as-tu pas entendu les messagers ? Toute la ville est en ruines !

Elle lui fit un petit rire.

— Non, Syb... je veux vraiment dire en ruines. Je ne parle pas de la façon dont ils conservent le musée de l'Acropole et le parc thématique pour les touristes. Le nouveau

Parthénon est en feu. Le mont Hymette crache de la lave. La mer Égée franchit le rempart littoral. J'ai tout vu. Et les gens sont devenus fous. Les jumeaux de Ménélas ? Ces gentils garçons dont le père est toujours à la guerre ? Ils étaient dans le pré quand je suis passé devant leur maison ! Ils ont couru et ramassé une poignée de cette…

Il baissa les yeux sur sa toge.

— … je ne veux même pas penser à ce que c'est… ils ont lancé vers moi une boule aussi grosse que ta tête. Et où, exactement, crois-tu aller ?

Sybilline s'examina une dernière fois.

— Je suis en retard pour le travail.

— Tu ne vas pas travailler !

— Chh… baisse le ton !

— Syb, murmura-t-il. Je sais qu'il y a longtemps que tu as cessé d'écouter quoi que j'aie à dire…

— Oh ! tu es idiot… gloussa-t-elle.

— Mais je te défends d'aller travailler !

— Tu me défends ?

Sybilline se tourna vers son mari et tira doucement sur sa barbe.

— C'est très drôle. Je suis certaine que le bureau du temple est encore ouvert.

— Parfait. Tout à fait fantastique, dit Prométhée. La ville est en train de s'écrouler à cause de ta fille et tu vas travailler pour prendre la dictée du dieu du Ciel.

— Mon chéri, si tu ne baisses pas le ton, dit Sybilline, il t'enchaînera à nouveau à ce rocher et laissera à nouveau son aigle se faire un festin de tes entrailles. Et que veux-tu dire « ma fille » ? Qu'a fait Pandora ?

— Tu verras ! Je le savais… je savais que nous n'aurions pas dû la garder dans la maison. Pandora ! cria-t-il de nouveau. Elle l'a pris… la petite voleuse !

Sybilline jeta un coup d'œil vers l'horloge solaire du jardin.

— Oui, bien, quoi que ce soit… occupe-t'en de ton mieux.

— Oh ! je vais… regarde-moi bien.

Mais son épouse était déjà sortie.

— Pandora ! hurla-t-il, se précipitant au pied de l'escalier. Pan…

— Quoi ?

Pandie était debout juste au-dessus de la courbe de l'escalier, près de l'autel d'Athéna, un bras enveloppé fermement autour de sa ceinture de novice, l'autre main tripotant un morceau de chèvre sacrifiée.

Prométhée s'éclaircit la gorge. Il commença à marcher de long en large dans la pièce.

— Salut.

— Salut, papa.

— Comment vas-tu ?

— Ça va.

— Comment vont les choses ?

— Bien.

— Et l'école ?

— Bien.

— Il s'est passé quelque chose, aujourd'hui ?

— Hum ! comme quoi ?

— Oh ! je ne sais pas, dit Prométhée. Comme peut-être que tu as reçu tes notes pour le test d'algèbre ? Peut-être que tu as vu ce garçon que tu aimes vraiment beaucoup ? Peut-être que tu t'es emparé de la boîte sous mon lit et que tu as libéré les plus grands maux jamais créés dans le monde ? Quelque chose comme cela est arrivé aujourd'hui ?

— Oh !

— Ouais : Oh ! Où est-elle ?

— Près de mon journal.

Il courut devant elle dans les escaliers.

— Viens, ma petite demoiselle.

Elle le suivit dans sa chambre.

— Va la chercher, s'il te plaît.

Pandie prit la boîte de l'étagère de bois où elle l'avait cachée.

— Allez ! dit son père, et elle le suivit dans la chambre de ses parents.

Prométhée tira la boîte de bijoux de Sybilline de dessous la paillasse. Puis il attrapa deux petits pots d'argile d'une étagère supérieure.

— Bon, celle-ci, dit-il en portant la boîte à bijoux sous son nez. C'est la boîte que tu savais que tu pouvais apporter à l'école ! C'est la boîte « montre et raconte » ! Tu peux jouer avec n'importe quoi, ici !

— Et tu sais où je garde mon foie ! ajouta-t-il, agitant l'un des petits pots d'argile.

— Ou ici… dit-il en levant l'autre pot. C'est un peu de la flamme éternelle. Peu d'enfants en ont dans leur maison.

Prométhée commençait à tourner au violet, les veines de son front prêtes à éclater.

Il replaça la boîte à bijoux de Sybilline et sortit la boîte de métal et d'onyx gravée.

— Mais ceci était interdit ! Il ne fallait pas y toucher !

Il secoua doucement la boîte.

— Hum ! on dirait qu'elle est vide ! Pourquoi cela, fille unique mal engendrée de

Prométhée ? Est-ce parce que tu as volé la boîte de bois qui était à l'intérieur ?

— Papa…

— Oui ?

— Papa… je ne pouvais apporter ton foie à l'école. Pas encore. Il n'est même plus possible de dire ce que c'est.

— Et pourquoi pas le feu ?

— Le feu n'est plus vraiment intéressant.

— Mais le feu est un ami de la famille, Pandora ! C'est vraiment une présence persistante, dit-il. Tu aurais soufflé sur des cendres, pour l'amour des Enfers ! Tu aurais pu réchauffer toute l'école !

— Tu m'avais fait promettre de ne pas montrer cela à personne.

— JE T'AI AUSSI FAIT PROMETTRE DE NE PAS TOUCHER À LA BOÎTE !

— Oh, ouais !

— Et qu'en est-il des présents de Zeus à ta mère ? demanda Prométhée.

— Ça alors papa ! Regarde un peu autour… toutes les mamans des élèves ont reçu des trucs de Zeus !

— Et toute cette affaire au sujet des gâteaux de maïs et de l'histoire de Déméter… ce n'était qu'un paquet de… bien, ça l'était certainement, n'est-ce pas ? Tu dois vraiment prendre ton père pour un idiot, Pandora. Bien, j'imagine que tu as fait tout un spectacle, n'est-ce pas ?

Pandora se sentit encore plus misérable que dans tous ses souvenirs. Elle lui tendit la boîte.

— Papa, je n'ai jamais, jamais voulu qu'elle soit ouverte, je le jure ! J'ai juste dit à tout le monde ce que c'était et que personne ne devait jamais l'ouvrir, sinon toutes les choses mauvaises à l'intérieur sortiraient, et l'humanité serait misérable pour toujours.

— Et puis ?

— Et alors je m'apprêtais à revenir à la maison pour la remettre sous ta paillasse.

Prométhée serra la mâchoire.

— Bon… quand… l'as-tu… ouverte ?

— C'était plus tard… Hélène-et-Hippia-sont-venues-vers-moi-et-m'ont-dit-que-je-pourrais-venir-à-une-fête-prébacchanales-et-que-Alcie-et-Iole-pouvaient-venir-mais-seulement-si-elles-pouvaient-voir-la-boîte. J'ai alors cru que ce ne serait pas grave si elles ne faisaient que la regarder. Mais avant que je m'en rende compte, il était trop tard.

— Comme si un aigle mangeur de foie n'était pas suffisant dans ma vie, dit Prométhée, prenant la boîte de bois. As-tu seulement idée de ce qui, exactement, se trouvait là ?

Juste alors, le son d'une autre éruption volcanique retentit dans la direction de l'école intermédiaire.

— Bien, je... genre... le sais maintenant.

— Genre ! Pandora ? Genre ? Bien, laisse-moi te dire exactement ce qu'il y avait dans la boîte. Arès... le dieu de la guerre ? Il y a mis la Rage. La sorte de rage qui fait en sorte que les gens veulent s'entredéchirer pour n'importe quelle raison. Apollon et Artémis y ont mis la Vanité. Les citoyens moyens s'installeront devant leur miroir pendant des jours et des jours, s'extasiant sur eux-mêmes jusqu'à ce qu'ils soient affamés. Athéna a déposé la Cupidité, mais pas simplement le « Oh ! j'aimerais genre avoir quelques drachmes dans ma poche ». Non, c'est le type de cupidité qui fait en sorte qu'un fils tue ses parents pour la dernière miette de pain plat.

— Seule une chose merveilleuse était gardée dans cette boîte, et c'était l'Espoir. Pourquoi ? Parce que nous n'aurions tout simplement pas besoin de l'espoir, s'il n'y avait rien pour nous faire désespérer. Peut-être aurais-je dû te dire exactement à quel point ce serait effroyable si tu me désobéissais, mais je croyais que tu étais assez grande pour que ma parole seule suffise.

— Oh ! papa, commença-t-elle à sangloter. Je suis si désolée.

— Hum ! hum !

Prométhée était fatigué. Il rangea tout sauf la boîte de bois.

— D'accord… pas de journal pour toute la saison. Et tu dormiras sur le plancher. Pas le droit de rester plus tard après les sacrifices pour parler avec d'autres jeunes…

À ce moment, Sybilline arriva de côté comme une bourrasque dans la chambre, sa ceinture de travers, une bosse poussant sur le côté de son front.

— Je n'ai pu me rendre au temple ! Il y a des émeutes dans les rues. Les gens conduisent leurs chars du mauvais côté des routes. La lave recouvre tout, les centaures mettent à sac la place du marché, et ma manucure est ruinée ! Je crains que Zeus ne croie que je suis partie sans mon avis de deux semaines ! Qu'arrivera-t-il à mon indemnité de départ… et à mes prestations d'assurance ? Oh non ! — elle commença à tirer ses cheveux dorés — tu te souviens de ce qu'il m'a fait il y a trois mois… quand je ne me suis pas montrée à temps pour mon entrevue d'emploi…

Soudainement, un éclair fusa du plafond, et Sybilline fut réduite en un nuage de cendre, flottant doucement vers le sol pour couvrir deux sandales calcinées et une ceinture.

Prométhée se tint au-dessus de ce qui avait jadis été son épouse.

— Tu es contente, Pandora ! Regarde ce qu'a fait Zeus à ta mère par ta faute — encore une fois !

Une fois déjà, alors qu'elle avait rendez-vous pour rencontrer Zeus lors de son entrevue initiale d'emploi, Sybilline était demeurée trop longtemps au marché de beauté Pot d'argile de Calypso. Zeus était tellement enragé devant son évident manque d'intérêt que, d'un éclair, il avait transformé Sybilline en vapeur pendant qu'elle se faisait peindre les ongles d'orteils. Ce n'est qu'après de nombreuses supplications de Prométhée auprès d'Athéna que Zeus l'avait restaurée.

— Sabine ! cria Prométhée d'en bas. J'ai besoin d'une urne, s'il vous plaît ! Et apportez-moi un balai.

— Procurez-vous-en un vous-même, espère de chèvre au sabot fendu de bon à rien ! fut la réponse.

— Sabine, maintenant, s'il vous plaît ! gronda-t-il. Vois-tu maintenant, Pandora ! Vois-tu ce qui se passe quand le monde est infesté de petitesse, de mépris et d'insolence ? Sabine est avec nous depuis des années, et maintenant écoute-la. C'est le premier signe d'irrespect.

La vieille femme entra dans la pièce d'un pas traînant, tenant un balai et une urne.

— Les voici, mais ne vous attendez pas…

En voyant les sandales et la ceinture argentée gisant sous une pile de cendres, elle se mit à hurler.

— Oh ! dieux ! pas encore !

— Sabine, voulez-vous s'il vous plaît nettoyer ma femme ?

Comme Sabine commençait à balayer, Prométhée s'agenouilla et murmura à la pile :

— Ma chérie, j'ignore si tu m'entends, mais j'essaierai de te faire à nouveau restaurer dès que la lave refroidira.

Il se tourna vers Pandie.

— Et… tu es privée de sortie pour les trois prochains mois. Et je veux que tu écrives des excuses à ton principal d'école, et… attends une minute ! Qu'est-ce que c'est ?

De la boîte de bois, que sa main agrippait toujours, on pouvait entendre un léger bruit de glissement. Il secoua doucement la boîte.

— Grande Aphrodite… il reste encore quelque chose ici ! Pandora, quand tu as ouvert la boîte… dis-moi ce que tu as vu !

— Hum ! après que toutes les choses — noires et vertes et rouges — se soient envolées, il restait un truc genre brumeux et argenté qui essayait de sortir. J'ai donc refermé rapidement le couvercle !

— Brumeux et argenté ? dit-il. Et… et… tu as fermé le couvercle ? Bon, bien sûr que tu l'as fait. Comment pouvais-tu savoir, n'est-ce pas ? Pandora, tu as refermé le couvercle sur l'Espoir. L'Espoir est encore emprisonné à l'intérieur.

— Est-ce une bonne chose ? Non, c'est mauvais. Dieux ! je ne peux rien faire de correct.

— Pandora ! dit-il d'un ton aigu, alors que Sabine lui tendait l'urne contenant son épouse. Arrête ça tout de suite. Ce n'est plus de toi dont il est question. Regarde la ville ! Pense aux gens !

Il commença à faire les cent pas.

— Je dois… réfléchir. Devrais-je… l'ouvrir ? Non… il pourrait y avoir quelque chose d'autre en plus de l'Espoir… un autre mal. C'est préférable de ne pas prendre de… risque. Je dois réfléchir !

Il s'arrêta abruptement et regarda sa fille.

— Pandora ! dit-il. Pandora, en plus de tout le reste, tu as laissé le monde sans Espoir !

Chapitre 7

Les excuses

Cher principal Diogène,

Je suis très désolée d'avoir relâché le mal dans le monde, hier durant le projet d'école. Mon père m'a mise en retenue pendant trois lunes, et je manquerai les Bacchanales du printemps. Mais je le mérite.

Ma mère ne participera probablement pas à la rencontre parent/maître la semaine prochaine parce que Zeus l'a transformée en une pile de cendres (encore une fois).

Veuillez ne pas me renvoyer.

Si j'avais su que tout cela risquait d'arriver, j'aurais apporté le foie de mon père (encore une fois).

Sincèrement,
Pandora,
Fille de Prométhée d'Athènes
Jeune fille, classe de maître Épéus

P.S. Hélène de Sparte et Hippia de Thornax sont dans le portique. Si vous trouvez deux choses qui ressemblent à des lézards noirs, ce sont elles.

Chapitre 8

Une visite

Il y eut une violente secousse, un éclair aveuglant, et les murs de sa chambre commencèrent à briller d'une lueur incandescente. Étendu à ses pieds, Dido glapit et se cacha sous sa paillasse. Une autre secousse fit trembler la maison. Pandie sortit en titubant dans le couloir. Tenant Xander dans ses bras, Prométhée venait tout juste de sortir de sa chambre. Tout autour d'eux brillait, comme à l'intérieur d'une fournaise. Aussi rapidement qu'elle avait commencé, la secousse s'arrêta et les murs luisants retrouvèrent leur aspect normal. Mais une brillante lumière éclairait l'escalier depuis la pièce principale à l'étage inférieur.

Sabine arrivait en haut de l'escalier, haletant fort.

— Vous avez… vous avez de la compagnie !

Prométhée descendit l'escalier, Pandie et Sabine sur ses talons.

Pénétrant dans la lumière brillante, Prométhée dut se protéger les yeux. Il s'arrêta soudain au pied de l'escalier, incapable de voir. Pandie et Sabine carambolèrent derrière lui comme un accident de chars.

— Prométhée !

Ils entendirent tous une voix provenant de la lumière, très aiguë, mais rugissante.

— Prométhée, tu es convoqué.

Prométhée s'immobilisa un moment.

— Hermès ? finit-il par dire.

— C'est moi.

— Bien, enlève cette lumière ! dit Prométhée, tendant Xander à Sabine.

La lumière disparut subitement, et au milieu de la pièce, apparut l'être le plus magnifique que Pandie avait jamais vu. Il était vêtu d'une toge courte en argent brillant, et ses sandales étaient ornées d'ailes dorées. Il était si grand que les ailes qui battaient sur son casque doré effleuraient le plafond. Il tenait une étrange baguette torsadée dans son énorme main.

Hermès, le messager des dieux, le plus rapide, le plus perspicace et le plus rusé de tous les Olympiens, était là, debout devant la famille de Prométhée, les bras repliés et le visage éminemment renfrogné.

Ni le dieu ni Prométhée ne parlèrent pendant un moment, puis Hermès fit un énorme sourire, et les deux s'empoignèrent et s'étreignirent très fort.

— C'est bon de te voir, Prométhée ! dit-il.

— De te voir aussi, mon ami.

— Hé ! désolé pour la lumière, dit Hermès. Une procédure usuelle. Zeus veut que tout le monde soit terriblement effrayé lorsque j'apparais, que ce soit pour de bonnes ou de mauvaises nouvelles ; mais ce mode de pensée fait tellement âge de bronze, ne trouves-tu pas ? Si j'apporte de bonnes nouvelles, je n'ai qu'à briller un peu. Mais si c'est un message de punition ou de condamnation, je dois vraiment utiliser la lumière brillante. Des éclairs aveuglants, une peur qui transit le cœur, ce genre de choses.

— Bien, je suppose que j'ai de gros ennuis alors, hein ? dit Prométhée.

— C'est plutôt ta fille. C'est vraiment elle qu'il veut voir. Est-ce elle ? demanda Hermès, pointant vers Pandie.

— Oui, Pandora, dit-il, tirant Pandie vers le dieu. Voici Hermès, le messager de Zeus, maître-voleur, détenteur du Caducée…

L'objet dans sa main, songea Pandie.

— … fabricant professionnel de lyres et protecteur des commerçants et des marchands.

— Oh ! s'il te plaît ! Arrête un peu, tu me fais rougir !

Hermès asséna une tape géante sur le dos de Prométhée, qui l'envoya presque voler à travers la pièce. Il n'agissait pas comme s'y serait attendu Pandora. Il n'était pas rageur ni pompeux. Il était plutôt amusant, du genre farfelu.

— Salut, Pandora, dit-il en souriant.

Il se pencha de façon décontractée contre le mur, qui commença immédiatement à se séparer du reste de la maison.

— Hum ! salut.

— Écoutez, continua Hermès, oubliez tout ce que vous venez d'entendre. Au fond, je ne suis qu'un garçon de courses. Vous savez, votre père et moi nous connaissons depuis très, très longtemps. Hé ! laisse-moi te regarder. Wow ! Pandora ! Comme tu vas ressembler à ta mère quand tu seras plus vieille. N'ai-je pas raison, Prométhée ? Bien, à condition que Zeus te laisse vivre. Oh ! oublie ce que je viens de dire ! D'accord… il est temps que nous y allions !

— Que veux-tu dire par « nous », mon ami ? demanda Prométhée, la panique gagnant sa voix. Elle ne part pas. C'était à moi à protéger la boîte — c'était ma responsabilité ! Laisse-la ici, Hermès.

— Je ne peux pas, Pro. J'ai reçu des ordres.

Il fit claquer ses doigts, et un petit parchemin en peau de mouton apparut, suspendu dans l'air, puis se déroula et se mit à déclamer quelques mots d'une voix aiguë :

— *La maison de Prométhée d'Athènes est par la présente convoquée pour comparaître pour jugement devant le seigneur du Ciel et celui qui accumule les nuages, Zeus. Et, oui, Prométhée… cela veut dire tout le monde.*

Au bas du parchemin, était apposé le grand sceau de cire rouge de Zeus.

— Hermès, je te supplie… commença Prométhée.

— Regarde — Hermès baissa la voix en un murmure — tu crois que ça m'amuse ? Même une seconde ? Non, d'accord ? C'est sérieux, mon ami. Je fais de mon mieux pour être jovial parce que je ne veux pas effrayer la fille plus que nécessaire. Maintenant, tu peux faciliter les choses ou les compliquer, c'est ton choix.

Trop confuse pour paniquer, Pandie eut l'impression qu'elle était quelque part au-dessus de son corps, en train de regarder une scène excitante. Mais elle ne pouvait comprendre qu'elle en faisait en fait partie.

Prométhée enveloppa son visage de ses mains.

— Nous irons. Nous irons tous.

— Bien sûr que tu iras ! Comme si tu avais vraiment le choix ! N'ai-je pas raison ? dit Hermès, la jovialité revenue dans sa voix. Maintenant, quelle pointure de sandales portes-tu, Pandora ?

— Hein ?

Fameux. Oh ! elle faisait vraiment une bonne impression, pensa-t-elle.

— Quelle est la pointure de tes sandales ? redemanda Hermès, répétant les mots plus lentement cette fois.

— Oh ! pointure six.

— Très bien.

De nouveau, Hermès fit claquer ses doigts, et dans un éclair d'étincelles dorées, un grand support de souliers de bois apparut au milieu de la pièce. Sur le support, étaient alignées des dizaines de sandales pour hommes et pour femmes. Chaque paire était différente ; certaines étaient incrustées de joyaux, d'autres doublées de fourrures exotiques, quelques-unes étaient même dotées de talons.

— Alors voilà, dit Hermès, lui tendant une paire de sandales de cuir rose clair avec de minuscules diamants sur les lacets et deux ailes d'argent de chaque côté.

— Celles-ci devraient faire. Et la couleur va super bien avec tes cheveux. Mais ne te fais pas d'idée, ma mignonne… elles ne sont pas à vendre, c'est pour voler. Je les récupérerai si… je veux dire lorsque nous rentrerons de l'Olympe.

— L'Olympe ? dit Pandie.

— Ouais ! dit Hermès. Nous allons tous faire un petit voyage.

Il tendit à Prométhée une paire de sandales doublées de fourrure de renard et munies d'ailes de bronze. Sabine attacha de petites sandales garnies de fourrure de lapin et d'ailes dorées aux pieds de Xander. Hermès lui tendit une paire avec des ailes de plomb qu'on aurait dit fabriquées avec la peau d'un énorme serpent.

— Pourrais-je avoir quelque chose avec du vison peut-être, avec… ? demanda Sabine.

— Vous prenez ce que vous avez ! Considérez simplement cela comme le destin… dit Hermès.

— Oui, oui, bien sûr… merci, dit-elle, se plissant le nez derrière son dos, avant de poursuivre en marmonnant. Oh ! très brillant… destin !

— Sommes-nous tous attachés ? Prêts ! Attendez… Prométhée, où est ton épouse ? demanda Hermès.

— Oh ! dieux ! elle est encore à l'étage dans son urne !

— Peu importe. Je la prendrai en chemin, dit Hermès.

Il agita son caducée et Pandie sentit une légère vibration dans ses pieds. Elle baissa les yeux pour voir les petites ailes argentées qui battaient furieusement. L'instant suivant, elle se sentit propulsée vers le haut à travers le plafond qui se sépara pour elle comme s'il était fait de mousse. De minuscules morceaux d'argile frôlèrent sa peau, et alors qu'elle était emportée à travers le plancher de sa chambre à coucher, elle pouvait sentir le léger grattement des tapisseries du plancher. Pendant un court moment, elle vit la face blanche de Dido pendant qu'elle filait à toute allure vers le toit de la maison. Elle sentit la froideur des tuiles alors qu'elles se dématérialisaient pour la laisser passer. Une seconde plus tard, elle était dehors dans l'air vif de la nuit. Il faisait encore assez clair pour qu'on puisse voir la dévastation survenue à Athènes en seulement quelques heures. Toute la ville semblait ravagée par un incendie. Les bâtiments s'étaient effondrés sur eux-mêmes. Il y avait une énorme fissure dans le rempart littoral, et l'Égée avait envahi les terres cultivées avoisinantes, les ruinant pour des siècles à venir. Il y avait une foule de gens dans les rues n'ayant nulle part où aller, nulle part vers où se tourner.

Quelques moments plus tard, elle vit quelque chose de noir qui encercla sa tête pendant juste une seconde. Elle sentit un léger contact, comme une main enveloppant doucement son visage, puis un murmure dans son oreille.

— Maintenant, Pandora.

Puis la forme noire disparut. Elle se sentit tomber dans un profond sommeil, presque un évanouissement, mais avant qu'elle ait complètement perdu connaissance, elle vit son père qui luttait pour se tenir droit dans ses sandales, à proximité, sa main serrant le bras de Xander. Elle vit Sabine qui avait perdu connaissance, ses sandales de peau de serpent s'efforçant de garder le rythme avec les autres. Elle regarda Hermès qui passait devant eux comme une comète, serrant très fort l'urne de sa mère contre son flanc. Et elle vit les lumières de sa maison, puis Athènes, puis le monde se rapetisser de plus en plus alors qu'elle s'évaporait dans l'obscurité.

CHAPITRE 9

L'Olympe

L'instant avant d'ouvrir les yeux, Pandie songea que tout ce qu'elle avait vu et fait quelques moments (heures ? jours ?) auparavant n'avait été qu'un rêve. Elle s'étira, s'attendant à retrouver la sensation des draps de sa paillasse.

Mais ses membres frôlèrent plutôt... quoi ? Sur quoi était-elle étendue ? Elle ouvrit les yeux et ne vit que du blanc, pas brillant, mais doux et léger : des murs blancs, un ciel blanc à l'extérieur de fenêtres sans carreaux, et un grand lit blanc cotonneux. Tout son corps était entouré d'une substance houleuse et bulbeuse qu'elle pouvait pénétrer de ses doigts et qui, pourtant, d'une certaine façon, supportait son poids. C'était humide au toucher, mais sa toge demeurait sèche.

— Des nuages ! dit-elle. Je suis étendue sur des nuages.

— Ah ! tu es éveillée, dit un chœur de voix toutes douces.

Très surprise, Pandie devint silencieuse.

— Allo ? finit-elle par murmurer.

— Allo !

— Qui êtes-vous ? demanda Pandie, maintenant effrayée.

— Nous sommes les filles des filles des filles de Zeus.

De petites bouches roses et de minuscules paires d'yeux dans des tons vibrants de bleu, de vert et de gris commencèrent à apparaître, voltigeant en plein ciel ; les yeux étaient tous rivés sur elle.

— Tu as été convoquée. Lève-toi ! dirent les lèvres à l'unisson.

Sur ce, le lit de nuages s'évapora instantanément et Pandie aperçut en contrebas une étendue escarpée de sommets de montagnes rocailleux et déchiquetés. Elle allait plonger et mourir ! Mais avant que la panique la gagne, la vision fut remplacée par un plancher de marbre blanc et elle s'aperçut qu'elle était debout et bien éveillée.

Une porte de la chambre s'ouvrit vers l'extérieur, et Pandie sentit des mains invisibles qui la poussaient doucement à travers l'ouverture et dans un long couloir de marbre blanc, en pente descendante et incroyablement haut. L'air était parfumé de lavande et de miel. Des lampes à l'huile représentant de grands aigles étaient suspendues au plafond sur de longues chaînes dorées, leurs flammes brûlant ardemment, bien que les murs semblent eux-mêmes faits de lumière. Mais ce qui la captivait vraiment, c'étaient les fontaines. À divers intervalles, au milieu d'une mare peu profonde qui longeait tout le couloir, s'élevaient de larges fontaines incarnant les Titans originaux, les dirigeants de la Terre et des cieux avant leur guerre contre Zeus et contre les autres grands dieux de l'Olympe.

Il y avait Cronos, père de Zeus, luttant en vain avec son fils. On y voyait Rhéa, la mère de Zeus, en train de pleurer, l'eau de la fontaine coulant de ses yeux. Un autre Titan, Océan, souverain des fleuves et des mers avant Poséidon, était représenté contraint par ses propres vagues. L'une des plus magnifiques fontaines était celle du Titan Mnémosyne, dont le nom signifiait « mémoire », tenant un immense sablier, un peu comme si cette mémoire savait que les jours des Titans étaient comptés.

Pandie contemplait ces représentations ainsi que les autres, alors que les mains la guidaient vers deux larges portes dorées, qui s'ouvrirent vers l'intérieur pour révéler une faible lumière ambre. Pandie était sur le point de la franchir lorsqu'elle leva les yeux vers le visage de la dernière fontaine.

Elle eut le souffle coupé et s'arrêta net.

Était-ce lui ? Non… c'était impossible, songea-t-elle. Mais c'était bien vrai.

C'était son père.

Prométhée, revêtu de son armure de combat, les muscles tendus et une longue épée levée haut au-dessus de sa tête en un signe de victoire.

— Hein ? dit-elle à voix haute.

Les mains invisibles poussaient plus fort maintenant et Pandie chancela presque en franchissant les portes dorées.

Elle entra dans une salle de la taille de l'amphithéâtre de son école secondaire. Les mains la guidaient vers le centre, où Pandie ne pouvait distinguer qu'une énorme table dorée, sur laquelle était posée une simple lampe à huile aussi grosse que le nid d'un aigle… pour autant que ce soit un aigle vraiment énorme. Pendant qu'elle s'approchait, s'insinuant à travers de gigantesques colonnes, elle vit que la table n'était pas tout à fait circulaire, mais avait la forme d'une larme.

Debout devant la portion plus renflée, à côté de son père qui pressait contre son cœur l'urne de sa mère, Sabine serrait dans ses bras Xander qui était endormi.

Pandie s'avança pour s'aligner avec les autres et jeta d'abord un coup d'œil à son père… le Titan. Il regardait fixement devant lui, le visage sinistre. Mais lorsqu'il sentit que sa fille était à ses côtés, il baissa les yeux et lui sourit.

— Salut, ma chérie, dit-il.

Pandie commença à pleurer. Elle était plus déconcertée qu'effrayée, mais elle ne voulait pas regarder devant elle ; elle ne voulait désespérément pas voir qui ou quoi se trouvant au bout de la table.

— Oh ! Papa…

— Ne pleure pas, ma chérie. Tout ira bien, dit-il, mais il ne semblait pas convaincu.

— Lève maintenant les yeux.

Pandie tourna la tête.

À une certaine distance derrière la table en forme de larme, se tenaient des centaines de larges silhouettes en robes, des hommes et des femmes, certains tenant d'étranges objets, d'autres des guirlandes ; quelques-uns avaient le bas du corps d'une chèvre et d'un cheval, certains paraissaient très mouillés. Elle cligna des yeux : ce devaient être tous les immortels de la Grèce, pensa-t-elle. Pandy n'en reconnaissait que quelques-uns. Il y avait Éole, le roi des vents, ses cheveux à l'extrémité bleue volant sauvagement sur sa tête, et la peau de son visage repoussée comme s'il se tenait au milieu d'une violente tempête. Elle vit Pan, le fils d'Hermès, mi-homme, mi-chèvre, enlevant une pierre de l'un de ses sabots. Et Hélios, dont le palais abritait le Soleil que le char d'Apollon conduisait à travers les cieux, et qui semblait avoir le Soleil en lui : ses yeux, sa bouche et ses oreilles rayonnaient de lumière. Là, dans le coin, il y avait Iris, la déesse de l'arc-en-ciel, sa peau striée de larges bandes multicolores.

Tous les dieux moins importants devaient être là aussi, pensa-t-elle, et les nymphes du fleuve et des bois, les satires, et les centaures, mi-hommes, mi-chevaux. Puis elle rassembla son courage et promena son regard autour de l'énorme table.

Les grands dieux de l'Olympe la regardaient fixement.

Plus près de Pandie, mais toujours à une bonne distance, il y avait Déméter, la déesse du maïs, de la moisson et des saisons. Elle avait de magnifiques cheveux — de longues bandes de vrilles verdâtres avec des centaines de petites fleurs printanières. Mais à mesure que Pandie l'observait, les vrilles se transformèrent en tiges estivales de blé sec et craqué, puis immédiatement en brindilles desséchées arborant des feuilles flétries automnales aux couleurs rougeoyantes, jusqu'à ce que sa tête soit finalement couverte de glaçons. Puis, devant les yeux de Pandie, l'ensemble du cycle recommença.

L'air sinistre et couvert de suie, Héphaïstos, le dieu des forges et des volcans, était assis sur sa chaise, se nettoyant les dents avec un cure-dents de bronze. C'était un brillant ferronnier, et le fabricant des éclairs de Zeus, avec les muscles du haut de son corps rivalisant avec ceux d'Hercule en taille et en force. Mais le bas de son corps était petit, à peine plus large que celui d'un bébé, et hideusement difforme.

Arès, dieu de la guerre et fils de Zeus, était assis à la table en costume de combat, son plastron et ses brassards couverts de plusieurs couches de sang noir séché. Dégueulasse ! songea Pandie. Seuls ses yeux jaunes étaient visibles entre les fissures de son casque, mais de temps en temps, de la vapeur chaude sortait du trou qui lui permettait de respirer. À l'occasion, il faisait craquer ses jointures, avec un énorme chien à l'air féroce à ses côtés.

Un autre fils de Zeus, Apollon, dieu du Soleil, de la musique et de la guérison, était assis en train de remplacer les cordes de sa lyre dorée, pinçant doucement les cordes de temps en temps. Même ces notes uniques étaient aux oreilles de Pandie la musique la plus merveilleuse jamais entendue. Si Zeus la laissait vivre, elle pourrait raconter à Iole qu'elle avait vraiment vu le dieu qui lui avait redonné la vie.

Plus près du bout de la table, il y avait le frère de Zeus, Poséidon, seigneur de toutes les eaux, se mouchant dans un linge humide, combattant désespérément son allergie aux crustacés. Pandie vit que le bas de son corps était celui d'un poisson vert brillant, et sa chaise était partiellement submergée dans une énorme cuve d'eau. De temps en temps, il agitait la queue, faisant gicler des gouttelettes d'eau (qui grésillaient quand elles frappaient l'armure d'Arès).

De l'autre côté de la table, se trouvait la superbe et séduisante Aphrodite. La déesse de l'amour souriait gentiment, regardant fixement son amant, Arès, et évitant résolument le regard de son mari, Héphaïstos. Pandie pensa que toute la lumière de la salle devait provenir de son sourire. Perchées sur ses épaules, deux colombes roucoulaient pendant que la déesse tendait occasionnellement le bras vers son fils Éros, le petit dieu de l'amour (et dont le nom signifiait aussi amour romantique), alors qu'il courait partout dans la grande salle en lançant des flèches à tout le monde.

Dionysos, fils de Zeus et dieu du vin, ronflait doucement, sa tête penchée légèrement vers l'avant, le bandeau de raisins et de vignes qu'il portait retombant sur une oreille.

À sa droite, il y avait Artémis, la déesse de la Lune et la chasseresse officielle des dieux. C'était aussi elle qui avait offert le journal en peau de loup à Pandie. Elle était en train de replacer la corde argentée sur son grand arc sans même regarder ses mains ; ses yeux tristes étaient braqués sur Pandie.

Athéna, déesse de la sagesse, était en train de converser à voix basse avec le hibou perché sur son poignet. Comme les autres, Athéna regardait directement Pandie, une tendresse émanant de ses yeux vert feuille. Pandie se rendit compte que la simple statue dans la niche de sa maison n'était vraiment pas à la hauteur de sa véritable magnificence.

Puis Pandie vit l'épouse de Zeus, Héra, dans ses magnifiques robes bleues, une couronne de plumes de paon sur la tête. Elle était assise très immobile, mais ses lèvres minces se serraient et se desserraient toutes les quelques secondes. Les poètes avaient nommé Héra « la plus belle entre tous les immortels ». De fait, elle était charmante, mais en regardant Aphrodite et Athéna, Pandie songea que les poètes ignoraient de quoi ils parlaient.

Hermès se tenait un peu à droite d'un majestueux trône doré qui occupait un espace où la table se terminait en pointe ; il avait maintenant un air beaucoup plus sérieux que jamais.

Le seul absent, c'était Hadès, le sombre seigneur des Enfers, songea Pandie, je me demande où…

Puis, comme s'ils avaient reçu un signal, tous les yeux se tournèrent et passèrent des quatre personnes à l'extrémité de la table vers celui qui était assis sur le trône doré.

Zeus, le souverain suprême, seigneur du Ciel, dont le pouvoir était plus grand que ceux de tous les autres dieux combinés, était assis légèrement au-dessus des autres. Il était plus âgé, mais très beau. Ses cheveux et sa barbe cascadaient sur ses robes blanches luisantes.

Les muscles du haut de son corps étaient tellement gros que Pandie n'aurait pu joindre ses deux bras enroulés autour de l'un d'eux. Et il la dévisageait, de ses yeux bleus, de glace, sous des sourcils brillant d'un éclat argenté.

Pandie sentit son souffle s'échapper de son corps. Elle aurait voulu s'évanouir ; elle aurait tout simplement voulu s'endormir tout de suite et ne jamais, jamais se réveiller. Elle aurait voulu mourir. Ou encore mieux, elle aurait voulu perdre connaissance et se réveiller de nouveau dans une couverture de nuages et y demeurer pour toujours.

— Vous voulez vous enfuir, Pandora ? Courir ? Ces idées se trouvent-elles dans votre minuscule cerveau ? dit Zeus. Vous ne pouvez maintenant — ni jamais d'ailleurs — me fuir.

Sa voix résonnait comme si elle pouvait lui déchirer les oreilles, mais ce n'était pas le cas. D'une certaine manière, il avait dû l'adoucir, songea-t-elle, sinon nous serions tous sourds. Mais la voix semblait âgée et un peu… un peu… qu'est-ce que c'était ? se demanda Pandie. Fatiguée, se rendit-elle compte ; la voix de Zeus était fatiguée.

— Je vous suivrais, fille de Prométhée. Je vous suivrais dans les profondeurs de vos rêves pour vous dire ce que j'ai à vous dire. Je vous pourchasserais dans les flammes du Tartare et je vous ramènerais pour vous infliger la punition que vous méritez. Vous avez condamné l'humanité, votre genre, à souffrir pour l'éternité. Et pourquoi avez-vous agi ainsi ? Pour être populaire auprès de gens bêtes et stupides ? Pour être acceptée parmi ceux qui ne sont même pas dignes de vous laver les pieds ? Pour vous sentir spéciale, ignorant que ce sentiment ne naît que d'avoir fait ce qui est juste pour tous, pas seulement ce qui est juste pour vous ? Et vous osez espérer pouvoir m'échapper dans la mort ? Après ce que vous avez fait, votre négligence, votre insouciance, votre égoïsme, votre manque de considération pour vos semblables, et votre évident mépris pour ma volonté et ma sagesse et celles de tous les dieux, CROYEZ-VOUS QUE LA MORT PUISSE ME GÊNER D'AUCUNE MANIÈRE ?

Prométhée posa un bras autour de Pandie.

— Seigneur du Ciel, vous effrayez ma fille.

— Silence, Titan ! dit Zeus en faisant traîner ses yeux sur Prométhée. Ou ta langue s'enroulera dans ta bouche et demeurera ainsi ! Elle devrait être effrayée. Ne lui as-tu jamais raconté notre belle petite histoire, Prométhée ? Ne sait-elle pas de quoi je suis capable ?

Zeus lança un regard noir à Sabine.

— Et toi, dit-il, toujours heureuse de ta décision de quitter l'Olympe ? Peut-être aurais-tu dû rester ici, pour travailler durement à mes comptoirs d'égouttement, hein ?

Sabine serra très fort Xander endormi dans ses bras et, se tenant aussi droite qu'elle le pouvait, croisa les yeux de celui qui accumule les nuages avec un regard inflexible, quoique légèrement myope.

— Je prévois que vous devenez trop grand pour votre toge… et regardez-vous ! dit-elle clairement.

Zeus fit un petit rire et se retourna vers Pandora.

— Si ce n'était que de moi — et c'est le cas — je ferais bouillir dans l'huile toute la maison de Prométhée pendant les 10 premiers milliers d'années d'éternité, puis je vous ferais nettoyer les fosses d'eaux usées dans l'enfer pendant un moment, puis laver la vaisselle dans la salle à manger des champs Élysée, puis passer quelque temps dans les fosses de feu du Tartare… et ensuite les choses deviendraient vraiment effroyables.

Pandie se serra contre la taille de son père et essaya de se cacher le visage dans sa toge.

— Regardez-moi, petite ! gronda Zeus. Il se trouve justement qu'on a fait appel à ma nature extrêmement généreuse. La reine du Ciel a eu pitié de vous, enfant, même si, avec certains des fléaux que vous avez libérés dans l'Univers, ses temples ont été pour la plupart profanés et son nom blasphémé. Vous devez maintenant lui offrir votre reconnaissance.

Pandie regarda la grande Héra avec surprise. D'après ce qu'elle avait entendu dire du caractère d'Héra depuis qu'elle écoutait les conteurs, Héra n'avait eu pitié de personne… jamais.

— Merci, très grande Héra.

La voix de Pandie était perdue dans l'écho de la salle.

Prométhée serra un peu son épaule.

— Plus fort ! Mon épouse ne vous a pas entendue ! dit Zeus.

— Merci, très grande et merveilleuse déesse ! dit-elle, un peu trop fort cette fois-ci.

Pandie crut voir Hermès rire sous cape.

Héra sourit gracieusement en direction de Pandie et hocha sa tête parfaitement coiffée. Mais Héra ne la regardait pas directement, et Pandie remarqua, même très légèrement, que les autres dieux à la table s'échangeaient de brefs regards.

— J'ai quelque chose à t'offrir, continua Zeus. Toi et ta famille ne serez pas torturés pendant l'éternité infinie si, et seulement si, vous l'acceptez.

Pandie n'avait absolument aucune idée de la suite, mais elle était certaine que ça ne ressemblerait pas à dormir sur le sol pendant une lune ou à écrire une lettre à son directeur.

— Chacun des maux que vous avez sottement libérés a trouvé une maison quelque part sur Terre. Il y a sept grands maux… et de plus petits assortis. Vous seule parmi votre famille retrouverez chacun à sa source la plus pure pour les retourner tous dans la boîte. Où est la boîte, Hermès ?

— Mon Seigneur, à l'intérieur de la boîte de bronze.

— Ah oui ! la boîte, dit Zeus, regardant Prométhée. En tout cas, cela a causé beaucoup de bien.

Son regard revint sur Pandie.

— Que personne de votre famille ne vienne à votre aide. Vous avez un demi-cycle des saisons, six phases de la lune, pour accomplir cette tâche. Et si vous réussissez, ce dont je doute fort, vous et votre famille retrouverez votre vie normale. Si vous n'acceptez pas ou si vous échouez, ce qui, étant donné la nature de votre crime… je dois dire que j'ai plutôt hâte de, bon… j'ai déjà mentionné quelques-uns des délices que j'ai en réserve pour vous. Je ne vois pas l'utilité de ruiner toutes les surprises. Apollon fera voler son char de soleil une fois dans le ciel et c'est tout le temps que vous avez pour vous préparer à votre départ. Quelle est votre réponse ?

Pandie était si surprise de ce qu'elle venait tout juste d'entendre qu'elle demeura d'abord muette.

— Je… Je… je dois les trouver ? bégaya-t-elle.

— Quelle est votre réponse ? mugit Zeus.

— Mon Seigneur, dit Prométhée, essayant de trouver un équilibre entre démontrer un respect approprié, préserver sa dignité et défendre sa fille, la boîte était sous ma garde. C'est ma propre offense. Elle est seulement une fille étourdie et têtue. Elle est de ma chair et par conséquent je l'aime, mais elle est difficile et puérile. C'est à moi que revient cette entreprise.

Pandie leva les yeux vers son père et eut l'impression qu'un couteau lui avait perforé l'estomac. Zeus l'avait affublée de plusieurs qualificatifs : insouciante, égoïste et méprisante. Mais rien de ce qu'il avait dit ne l'avait atteinte comme les mots étourdie, difficile et puérile qui étaient sortis des lèvres de son père. Elle l'avait vraisemblablement déçu et il était très probable qu'elle l'avait condamné. Et l'horrible réalité la frappa comme un autre coup physique : tout était vrai. Tout cela à cause de sa curiosité. C'était, sans aucun doute, le pire moment de sa vie. Puis, on aurait dit qu'une corde invisible enserrait les mots dans sa tête, qui étaient traînés, luttant et hurlant, hors de sa bouche.

— Je le ferai, dit-elle, très tranquillement.

— Que dites-vous, Pandora ? demanda rapidement Héra.

Pandora tenta de redresser sa posture. Elle n'avait aucune idée à quoi elle acquiesçait, elle savait seulement que tout était totalement de sa faute et elle allait essayer de réparer les choses.

— J'ai dit que je le ferai... très grande Héra. Je les ramènerai. Tous. Du moins, j'essaierai.

Chapitre 10

De nombreuses questions

Pandie savait que sa vie, si elle en avait une, ne serait plus jamais la même.

Elle était consciente que les jambes de son père tremblaient légèrement. Elle lui serra la main.

— Très bien. Ce sera intéressant d'observer, ou pas, vos progrès, dit Zeus. Et maintenant, au…

— Père, dit Hermès.

— … revoir. Quoi ? Que demandes-tu ?

Hermès se pencha très bas vers Zeus et tourna son visage à l'opposé de l'extrémité de la table. Pandie entendit de doux murmures entre les deux dieux, puis Zeus plaqua soudainement sa main droite sur le bras de son trône doré, et Pandie observa ses sourcils argentés se lever jusque dans ses cheveux.

— Quoi ? Tu veux dire que c'est toujours dans la boîte ? grogna-t-il. Eh bien ! elle est vraiment une petite chose inepte, n'est-ce pas ?

Zeus fit signe à Hermès de s'éloigner.

— Je viens tout juste d'être informé, Pandora, dit-il, que l'Espoir ne s'est pas enfui avec les grands fléaux, mais qu'il est toujours emprisonné...

Il fit une pause, fixant un point au-delà des recoins de la grande salle, demeurant silencieux pendant un long moment. Pandie crut que ses épaules s'étaient un tout petit peu affaissées avant que son regard ne revienne sur elle.

— Et cela doit y demeurer. Vous avez accepté cette tâche et vous devrez réussir ou échouer pendant que vous observez l'humanité peiner sous la misère que vous avez créée. Soyez témoin de toute la mesure du désespoir du monde, assailli par le mal et privé d'Espoir. Puissiez-vous apprendre de cette punition. Et maintenant….

— Père ! dit rapidement Hermès.

— … au rev… Quoi ?

— Ne devrions-nous pas lui remettre la carte ?

— Ah ! oui… je dois vous accorder une chance au combat, je suppose, dit Zeus. Dans l'éventualité où un accident se produirait — par exemple, une ridicule petite fille qui parviendrait à ouvrir la boîte —, une carte a été créée pour localiser chaque fléau et le retourner dans la boîte. Utilisez-la convenablement et elle vous dirigera à la source pure de chaque grand fléau. Héra, très chère, la carte.

Héra se leva et s'avança solennellement vers Pandie, élevant sa main droite au-dessus de sa tête, la faisant tourbillonner deux fois. Un mince sac en peau d'agneau jauni apparut dans l'air. Le sac était attaché avec une ficelle dorée et scellé d'une petite goutte de cire bleue, estampillée de l'image du paon d'Héra.

— Et voici, mon enfant. Ceci vous indiquera tout ce que vous avez besoin de savoir pour réussir.

Elle baissa légèrement la tête et murmura à Pandie :

— Ce que, si je peux le dire, j'ai tout à fait confiance que vous ferez.

Pandie sentit une pointe de méfiance la traverser, comme lorsqu'elle avait mal aux jambes lorsqu'elle était plus petite et que ses os grossissaient plus rapidement que ses muscles. Quelque chose allait vraiment mal, mais elle ne savait pas trop de quoi il s'agissait.

Elle avait pourtant des dizaines de questions. Que voulait dire Zeus par « se servir convenablement de la carte » ? Comment pouvait-elle capturer les fléaux ? À quoi ressemblaient-ils ? Comment pourrait-elle se rendre d'un endroit à l'autre ? Elle promena les yeux autour de la table. Les autres dieux la regardaient, certains avec curiosité, d'autres avec pitié. Mais Athéna et Artémis lui souriaient vraiment, et elle se sentit soudainement mieux que depuis des jours.

— Et maintenant, au revoir ! dit Zeus. Hermès, éloigne-toi !

— Zeus, dit Prométhée, tenant l'urne contenant Sybilline, je vous supplie de restaurer mon épouse ! Votre formidable éclair l'a frappée et je vous demande de renverser....

— Ton épouse ? Mon éclair ? bredouilla Zeus, regardant rapidement Héra.

Les autres dieux penchèrent la tête, essayant de dissimuler les plus légères traces de sourire. Héra leva un sourcil vers son époux.

— Je n'ai aucune idée. Je ne me souviens pas de... cet incident... dont tu parles. Tu dois être durement frappé par le deuil pour me demander une chose semblable.

Zeus fit une pause.

— Mais je ne vaux pas grand-chose si je ne suis pas charitable. Laisse-moi l'urne et je réfléchirai à ta requête. Maintenant, pour la dernière fois, allez-vous-en ! Le temps dont dispose ta fille pour se préparer s'amenuise rapidement.

Son père déposa doucement l'urne sur la grande table ronde.

Comme des mains invisibles commençaient de nouveau à pousser Pandie, pour la ramener à travers les fontaines, Pandora courut pour rattraper son père.

— Papa ! Hé, papa ! est-ce toi ? Papa ? demanda-t-elle en pointant le visage de marbre. Papa !

— Pas maintenant, Pandora, dit-il d'un ton sec.

Elle devint silencieuse et tomba vers l'arrière, pour finir par être presque soulevée de ses pieds par un mur invisible de doigts qui la poussaient et la secouaient. Ils furent guidés vers la gauche à l'extrémité du long couloir, puis sur une étroite terrasse ouverte, sans rampe, située très haut au-dessus des sommets embrumés du mont Olympe. Hermès les attendait.

— Parfait alors. Ce n'était pas trop mal, n'est-ce pas ?

— Hermès, s'il te plaît, dit Prométhée.

— Oh ! allez ! Vous allez tous vivre, pour le moment. Tu as fait un petit voyage à la maison des dieux, ce que, tu le sais bien, la plupart des gens ne pourront jamais éliminer de leur liste de projets à réaliser. Elle — il hocha la tête vers Pandie — va se précipiter dans une aventure. Peut-être que tu n'as pas retrouvé ta femme, mais peut-être que oui, qui sait ? Hé… de bons moments !

Pandie sentit quelque chose de doux et de filiforme autour de ses pieds et de ses chevilles. Elle baissa les yeux pour voir ses sandales roses ailées se lacer sur ses mollets.

— Pandora, dit son père, confie-moi la carte durant notre chemin.

— D'accord, papa, dit-elle, lui tendant le sac de peau de mouton délavé.

Ils furent soudainement rejoints sur la terrasse par une silhouette de grande taille avec un capuchon.

— Ah ! Morphée ! Merci d'être venu. Prométhée, tu te souviens de Morphée, exact ? Le dieu des rêves ? Écoute.

Hermès murmurait, mais Pandie l'entendait encore ; en fait, Pandie entendait tout ce que murmuraient ces dieux.

— C'est seulement pour les enfants et la vieille femme... je sais que tu peux supporter le trajet jusqu'en bas, mais je suis incertain pour eux. Vas-y, Morphée...

La silhouette sombre souleva le capuchon de sa grande cape. Pandie vit un homme superbe à la peau noire, aux cheveux noirs luisants et aux yeux noirs. Elle sentit les ailes de ses sandales l'attirer près de l'extrémité de la terrasse. Baissant les yeux pendant un moment, elle ne vit que les rochers de la montagne, comme des dents horribles, et un interminable ciel blanc. Puis Morphée posa une main noire effilée sous son menton et tourna son visage vers le sien. Il regarda dans ses yeux et sourit du sourire le plus exquis qu'elle n'avait jamais pu imaginer. Instantanément, le sommeil chassa toutes les autres pensées de son cerveau alors que le monde commençait à disparaître de sa vue. Elle était en train de tomber profondément endormie alors qu'elle tombait à l'extrémité de la terrasse. Mais cette fois-ci, avant de perdre totalement conscience, elle sentit Hermès qui volait près d'elle et elle sut qu'elle était complètement en sécurité. Puis elle l'entendit parler doucement à son oreille.

— Bons rêves.

Chapitre 11

Au revoir

Pandie s'éveilla, encore très haut au-dessus de la Terre, mais pour une raison ou pour une autre, elle n'avait pas peur. Sabine, toujours endormie, oscillait toujours précairement dans l'air, les ailes de plomb de ses sandales battant frénétiquement pour maintenir la vieille femme à la verticale. Complètement éveillé et bavardant avec Hermès, son père volait tout près avec Xander dans les bras. Le soleil commençait à apparaître au-dessus des collines d'Athènes, ce qu'elle trouvait bien bizarre puisqu'il faisait tout à fait jour lorsqu'ils étaient tombés de la terrasse. *Ça doit prendre des heures pour grimper et descendre cette montagne*, songea-t-elle. Puis elle se rendit compte qu'elle n'avait pas le moindrement froid, et qu'il n'y avait aucun vent, même s'ils volaient dans l'air à une vitesse incroyable.

Sous elle, elle commença à distinguer les plus grands bâtiments de la ville : l'Acropole, le Parthénon, et l'énorme place du marché. Il y avait l'école secondaire pour jeunes filles d'Athènes. Et elle vit l'étendue de la destruction : des feux qui couvaient, des rochers géants laissés par la crue des eaux du fleuve, des détritus dans les rues, et de petits ruisseaux de lave en train de refroidir. Elle sentit à nouveau le déchirement, consciente qu'elle en était la cause. Ils volèrent très bas au-dessus de leur quartier, tombant finalement comme des pierres au-dessus de sa maison. Elle vécut quelques instants d'extrême terreur lorsqu'elle vit le toit de sa maison se rapprocher d'elle, et elle commença à hurler, croyait qu'elle serait écrasée comme des grains de blé sur une meule.

— Ferme les yeux, Pandora, dit la voix de son père.

Elle n'eut pas la chance de le regarder avant que la descente à travers le toit ne débute. Cette fois, on aurait tout simplement dit qu'elle tombait dans une image de sa maison fabriquée entièrement d'air coloré. Elle ferma rapidement les yeux, puis l'instant suivant, elle atterrissait lentement et doucement sur le plancher de la salle de séjour familiale, se tenant parfaitement droite et alerte. Son père et Xander se posèrent ensuite, puis Sabine, toujours endormie, bascula directement sur l'un des immenses coussins de plancher et s'y pelotonna comme un chiot.

Atterrissant à l'autre bout de la pièce, Hermès fit claquer ses doigts, et comme la fois précédente, le support de sandales apparut.

— Merci beaucoup et j'espère que vous avez aimé votre vol ! Maintenant, si vous voulez bien me remettre vos chaussures...

Prométhée était en train de détacher les sandales de fourrure de Xander, lorsque soudainement le petit garçon émit un terrible gémissement.

— Prométhée, mon ami, donne quelque chose à manger aux enfants. Cela fait presque trois semaines, pour l'amour d'Olympe. Voici, laisse-moi....

Hermès agita son caducée et les sandales de chacun commencèrent à se délacer d'elles-mêmes et à s'envoler vers le support à chaussures. Sauf celles de Pandie, et elle ne le remarqua pas parce qu'elle essayait de comprendre ce qu'Hermès venait juste de dire.

Ils avaient été partis pendant presque trois semaines ?

Elle regarda autour d'elle. La salle de séjour ressemblait à ce qu'elle avait toujours été, mais ensuite elle examina de plus près les armoires d'aliments. La nourriture était éparpillée partout sur le comptoir d'égouttement et sur le plancher ; des mouches voletaient dans l'air au-dessus, plongeant comme des bombes sur des morceaux de choix. Des pots étaient renversés et leur contenu avait ruisselé ou était tombé ou était coagulé partout. La trace des miettes de pain plat, de l'huile d'olive et des fruits secs était répandue partout sur les tuiles autour du comptoir d'égouttement jusque dans la salle de séjour. Mais ce n'était pas comme si la nourriture avait été volée ; c'était plus comme si cela avait été complètement mangé.

Dido !

Aucune nourriture dans son bol pendant presque trois semaines, si l'on en croyait Hermès, et même si c'était faux, Dido était probablement terriblement inquiet. Elle lui raconterait tout plus tard par l'intermédiaire de son journal.

Elle s'apprêtait à monter en courant pour le trouver, quand Hermès, du bout de son doigt, arrêta son élan. Comme son père fouillait dans les armoires à nourriture, Hermès s'agenouilla devant elle.

— J'enlèverai moi-même tes sandales, dit-il, la regardant directement dans les yeux.

— Mon chien... et sa gorge se contracta.

— Non, tu n'as pas à trouver ton chien tout de suite, Pandora. En ce moment même, tu dois m'écouter.

Pandie se calma presque involontairement.

— Tu sais, Pandora, certains d'entre nous sur l'Olympe ne sont pas nés âgés et grincheux, dit-il, regardant ses pieds et souriant presque, mais pas tout à fait. Voyons, Apollon... et Dionysos, certainement... et Artémis... Aphrodite a vu certaines choses, je crois... alors... certains d'entre nous se souviennent de ce que c'était que d'être jeune. Et inepte. D'accord, effaçons ce mot et disons seulement stupide. Un petit vol sans importance, quelques amours non partagées, des gens transformés par erreur en animaux ou en arbres ou en monstres hideux. Des choses dont nous ne sommes pas fiers, n'est-ce pas ? Rien comme ce que tu as fait, crois-moi. Mais certains d'entre nous comprenons un peu mieux la raison qui t'a fait agir ainsi. Il y a ceux qui veilleront sur toi, Pandora. Une bouffée de vent quand tu t'y attends le moins. Une goutte de pluie tombant d'un ciel ensoleillé. Peut-être qu'un caillou te frappera en plein front pour attirer ton attention. Tout ce que je dis, c'est que nous ne serons pas très loin… ne me demande pas de détails.

Il finit de délacer ses sandales, se leva, puis baissa de nouveau les yeux sur elle.

— Bigre ! Comme tu vas ressembler à ta mère ! Ai-je raison, Prométhée ?

— Hein ? Quoi ? arriva la réponse en provenance des armoires à nourriture. J'essaie de trouver quelque chose à manger qui ne bouge pas de lui-même...

— Oh ! laisse-moi simplement faire, dit Hermès.

Immédiatement, la table de bois gémit sous le poids de plus de nourriture que Pandie n'avait jamais vu dans sa vie, pas même les jours de festin.

— Hermès… dit Prométhée.

— Trop ?

— Un peu.

— Parfait. Ingrat, dit Hermès, en souriant.

Instantanément, une grande partie de la nourriture disparut, mais il en resta suffisamment pour que personne n'ait faim pendant des jours. Prométhée et Hermès se regardèrent pendant un moment, puis le dieu et le Titan se firent une longue étreinte.

— Merci, mon ami, dit Prométhée.

— Le plaisir est pour moi. Et je réfléchirai à propos de cette chose dont nous avons parlé en descendant. Je m'en vais !

Avec un clin d'œil à Pandie, Hermès fit claquer ses doigts, et dans un fort craquement, il disparut en même temps que le support magique à chaussures.

Xander ne broncha pas, mais Sabine commença à se réveiller, regardant autour d'elle avec une expression terrifiée. Puis sentant la délicieuse nourriture et se rendant compte du lieu où elle se trouvait, elle se propulsa — à un rythme d'escargot — du coussin de plancher et s'assit à la table.

— Allez, ma chérie… tu dois manger quelque chose, dit Prométhée à Pandie, tendant une figue à Xander.

Juste au même moment, Dido entra depuis la cour, paraissant sale et confus, mais pas plus mince.

— Dido !

Pandie lança ses bras autour de son cou.

— Viens ici, chien spectral. Est-ce que je t'ai manqué, hein ? Hé ! Hé ! regarde-moi,

Dido. Papa, je crois qu'il y a quelque chose qui ne va pas avec lui. Il a grossi.

— Je l'ai nourri, arriva une petite voix de l'entrée.

— Iole ! dit Pandie.

— Maman et papa le renvoyaient quand il a commencé à venir chez nous pour de la nourriture. Alors après que tout le monde soit parti dormir, j'ai pris pour lui quelques restes de sacrifices et un peu de riz.

Iole était debout, le soleil dans le dos, mais même à sa silhouette, Pandie pouvait dire que quelque chose n'allait pas. Comme elle s'approchait, elle vit de petites bosses grisâtres qui recouvraient les bras et les jambes d'Iole. Puis elle vit qu'elles étaient en train de... — vraiment très légèrement — de remuer.

— Iole, que s'est-il passé ? demanda Pandie, l'invitant à la table.

— Je l'ignore, répondit Iole. Mais j'ai retourné tout cela dans ma tête. Je suis pas mal certaine que c'est parce que j'étais trop près de la boîte quand toutes les vapeurs et toutes les émanations sont sorties en trombe. Tu as vu Hélène et Hippia. Bien, je me tenais juste un peu plus loin en arrière et c'est ce qui s'est produit. Où étais-tu ?

— Mais ces fléaux ne sont pas censés être physiques ou rien du genre ; ils sont juste censés faire en sorte que les gens disent, font et ressentent des choses terribles.

— Je crois que nous les avons captées sous forme concentrée. Où étais-tu ? demanda Iole.

— Pourquoi remuent-elles ? demanda Pandie.

Xander avait cessé de manger et regarda, la bouche ouverte, les bosses d'Iole.

— Je ne suis pas vraiment certaine, répondit Iole. Pandie, où es-tu allée ?

— Est-ce que c'est… douloureux ? demanda Pandie avec prudence.

— Oh non ! En fait — Iole se mit soudainement à rire — parfois, ça chatouille. Pandie… ?

— J'étais au mont Olympe, commença Pandie.

Et elle raconta l'histoire de la carte et de sa quête, l'importance terrible de ce qu'elle avait accepté de faire la frappant de plein fouet. Des larmes recommencèrent à couler.

— Tu vas y arriver ? Toi toute seule ? Et tu n'as qu'une journée pour te préparer ? Laisse-moi t'aider ! Mes parents croient que je suis partie me tremper dans les bains de soufre, dans l'espoir de me débarrasser de ces trucs. Mais quand Dido s'est dirigé vers ta maison, je savais que tu étais de retour.

— Papa ? dit Pandie, se tournant soudainement. Pourquoi avons-nous été partis pendant presque trois semaines et que je ne m'en souviens pas ?

— C'est que, dit Prométhée, tu sais que Zeus a construit ce palais sur l'Olympe à une hauteur d'exactement neuf jours au-dessus de la Terre, de la même façon que les barrières de l'enfer sous nos pieds sont à un trajet de neuf jours de la surface de la Terre. Il faut donc exactement neuf jours pour atteindre le sommet de l'Olympe à partir de la Terre et neuf jours pour en revenir. Tu n'avais pas à demeurer éveillée durant le voyage, donc Morphée t'a bercée à l'aller et au retour.

— Quelle était cette chose dont tu parlais avec Hermès ?

— Quelle chose ? demanda Prométhée.

— La chose qu'il voulait dire quand il a dit : « J'y réfléchirai » ?

— Oh ! dit-il avant de faire une pause. Pandora, toute la famille souffrira si Zeus découvre que nous t'avons aidée de quelque façon que ce soit. Mais cela ne veut pas dire que je ne te suivrai pas à la trace. J'ai besoin d'un moyen de savoir où tu es et comment tu vas en tout temps. Hermès va essayer de trouver quelque chose.

— Et une autre chose.... Papa, comment se fait-il que tu sois un Titan et que tu ne me l'aies jamais dit ?

— Assez de questions, Pandora ! Mange et ensuite nous devrons te préparer à... partir.

Prométhée marcha à grands pas vers l'entrée, y demeurant quelques instants à simplement regarder fixement à l'extérieur. Finalement, il se tourna vers Sabine.

— Sabine, pouvez-vous nettoyer le comptoir d'égouttement et le plancher, s'il vous plaît ?

Sabine leva les yeux, à mi-bouchée, une cuisse de poulet encore dans sa bouche. Elle paraissait sur le point de dire quelque chose, mais elle finit de mâcher son poulet et se leva pour trouver le balai.

— Pandie, dit Iole, se penchant sur la table, tu dois venir voir Alcie.

Le cœur de Pandie se serra. Alcie s'était en fait tenue plus près de la boîte ouverte qu'Iole.

— Pourquoi ? Dieux ! qu'est-ce qui ne va pas ?

— Elle a deux pieds gauches, répondit Iole.

Pandie ne comprit pas tout d'abord. D'accord, Alcie était un peu maladroite, mais... Puis elle écarquilla les yeux.

— Tu veux dire... sérieusement ?

— Ouais ! Elle est restée pas mal au lit. Et elle s'assoit. Au fond, juste pour ne pas déambuler.

— Quoi ?

— Hum ! bouger, dit Iole.

— Pourquoi ? demanda Pandie.

— Elle passe son temps à tourner en rond. Si elle essaie de marcher dans sa maison, elle ne fait que virer à droite et elle s'écrase contre le mur. Et quelque chose est arrivé à sa bouche... genre.

— Hein ?

— De temps en temps, elle dit des choses qu'elle ne pense pas... ou peut-être qu'elle les pense, mais elle ne réfléchit pas avant de les dire.

— Mais c'est ce qu'elle a toujours fait, dit Pandie.

— C'est pire. Et quand elle est vraiment contrariée, elle ne cesse de mentionner des noms... dit Iole.

— Quoi ? demanda Pandie.

— …de fruits.

— De… fruits ? Dieux ! dit Pandie en se levant. Papa, je dois partir, je reviens dans un moment.

— Tu ne quittes pas cette maison, jeune fille ! dit-il.

— Papa, Alcie souffre. Et c'est ma faute. Je dois la voir. Je reviens tout de suite.

Et elle était déjà sortie par la porte et courait. Elle fit une seule courte pause pour laisser Iole la rattraper, et ensuite les deux filles escaladèrent les petites collines à toutes jambes, franchirent les bois et les oliveraies, jusqu'à la maison d'Alcie.

— Passe par derrière, dit Iole.

— Mais la chambre d'Alcie est en avant au second étage.

— Elle ne peut grimper les escaliers. On l'a installée dans une chambre à l'arrière.

Les deux amies s'avancèrent prudemment sur le côté de la maison et à travers le jardin rempli des statues de la famille d'Alcie, gardant un œil sur les fenêtres, cassant accidentellement le doigt rosé de la tante Aurora d'Alcie, qui avait été transformée en pierre par Méduse.

— Oups ! murmura Pandie.

— Oh ! Pandie ! dit Iole, prenant le doigt et l'agitant.

Puis elles commencèrent à rire.

— Ce n'est pas si amusant, dit Pandie, essayant de se ressaisir. Qu'est-ce que je fais avec ?

— Pose-le dans son autre main. Peut-être qu'ils peuvent le recoller avec du mortier, dit Iole.

Et les deux se mirent à rire si fort qu'elles durent s'arc-bouter contre les autres membres pétrifiés de la famille d'Alcie, jusqu'à ce qu'elles se soient calmées.

Elles réprimèrent encore d'autres petits rires pendant qu'elles contournaient le coin arrière de la grande maison et passaient discrètement sous deux larges fenêtres. Elles arrivèrent à une petite fenêtre à l'extrémité de la maison et jetèrent un coup d'œil à l'intérieur.

Alcie était étendue sur une paillasse pour dormir, redressée contre plusieurs oreillers colorés, un verre de jus de raisins écrasés sur une petite table près d'elle. Ses cheveux retombaient librement sur ses épaules, et elle tenait une feuille de papyrus, tentant d'écrire quelque chose avec une plume de faisan. Elle paraissait parfaitement bien, comme une petite déesse ; puis Pandie baissa les yeux qu'elle promena le long de la paillasse pour voir deux petits pieds émergeant de la couverture. Même taille, même forme, pointant dans exactement la même direction.

— Alcie ! murmura Pandie.

Alcie leva les yeux et vit ses deux meilleures amies à la fenêtre. Elle sourit pendant une seconde, puis commença à pleurer.

— Alcie, s'il te plaît, ne pleure pas ! dit Pandie. Pouvons-nous entrer ?

— Je… suppose que oui. Je déteste tes entrailles de pomme, tu sais ! dit-elle, se levant.

Pandie avait commencé à grimper par la fenêtre, mais les paroles d'Alcie l'arrêtèrent. C'était finalement beaucoup plus le ton que les paroles elles-mêmes. Elle le pensait, songea Pandie. Elle leva les yeux vers Iole, qui la regarda à son tour avec un hochement de tête et un haussement d'épaules.

Alcie dévia d'abord vers la droite alors qu'elle marchait vers la fenêtre, puis se corrigea et aida les filles à pénétrer dans la chambre. Elle s'assit de nouveau avec Pandie sur la paillasse. Iole restait à la porte, écoutant pour vérifier si personne ne s'approchait.

— Quand est-ce arrivé ? demanda Pandie. Tu allais bien quand nous nous sommes toutes sauvées en courant, non ?

— J'allais bien jusqu'au lendemain. Je me suis réveillée avec une douleur monstre dans ma jambe droite ; sauf que ce n'était plus ma jambe droite. Et ensuite j'ai commencé à avoir beaucoup de difficulté à marcher, donc maman et papa me gardent à la maison au lieu de m'envoyer à l'école.

— C'est toujours ouvert ? demanda Pandie.

— Certains des professeurs sont là, mais pas beaucoup d'élèves, dit Iole. Nous étions assez près de la source, Pandie ; beaucoup de gens sont mal en point. Les ongles de Damon de Troie, le nouvel enfant, n'arrêtent pas de pousser. Il ne peut plus se nourrir. Hermia, la petite sœur d'Hippia, a maintenant deux têtes plus une moitié. Mais sa maison a été détruite, donc la famille envisage de se rendre à Rome et de la placer au cirque. Et Tirésias le Jeune est… est…

— Quoi ? Quoi ? Qu'est-ce qu'il est ? dit Pandie, horrifiée de ce qu'il pouvait être arrivé à son « béguin ».

— … une fille, dit Iole, riant pendant une seconde, puis tentant de retrouver le plus grand sérieux.

— Dieux ! toi, affreuse petite… tangerine ! Je ne peux même plus porter mes meilleurs bracelets de cheville parce qu'ils se frottent les uns contre les autres ! Grenades ! Je souhaite que le Colosse de Rhodes tombe sur ton visage ! Que les piliers t'écrasent ! Que… Alcie plaqua rapidement une main sur sa bouche.

— Je suis… je suis désolée.

Pandie était de nouveau frappée de stupeur. Elle fit une pause et sut que ce ne pouvait être sa meilleure amie qui parlait. Alcie ne pouvait agir ainsi de son plein gré.

— Non, écoute Alcie, dit Pandie lentement, ça ira bien. J'étais sur le mont Olympe. Je ne plaisante pas. Et Zeus a dit que, même si j'étais terrible et stupide et qu'il voulait vraiment faire des choses horribles à ma famille, il allait me donner une chance.

Pendant qu'elle racontait à nouveau toute l'histoire, Alcie la regardait fixement, comme l'avait fait Iole.

— … et Hermès a dit — Pandie baissa la voix très bas — que certains d'entre eux m'accompagneront, tu sais, comme pour me surveiller et tout le reste. Donc ne t'inquiète pas. Quand je reviendrai… je ne sais pas trop… mais les choses iront mieux, je crois. Elles le doivent, n'est-ce pas ?

— Si tu reviens, tu veux dire, espèce de pruneau !

Alcie retomba sur ses oreillers, posant de nouveau la main sur sa bouche.

— Je suis désolée, Pandie.

— Ça va, Alcie. Ouais ! tu as raison. Oui. Pandie s'avança vers la fenêtre, puis se retourna pour faire face à ses amies. Iole, debout à garder la porte, ses bosses remuant très légèrement, et Alcie, incapable de marcher droit, et de terribles choses sortant de ses lèvres. Tout était sa faute, tout. Puis elle se leva.

— Je vais tout redresser cela. J'essaierai… Je ferai de mon mieux, les filles. Et je ne vais pas tout gâcher.

Pandie commença à descendre par la fenêtre.

— Tu viens, Iole ? dit-elle, regardant par-dessus son épaule.

— Je reste ici quelques instants.

Pandie fit une pause sur le rebord de la fenêtre, se rendant compte de la situation ; c'était probablement un au revoir.

— Alors je vous verrai dans.... Je vous verrai... dans six mois.

Elle remonta dans la pièce et courut pour serrer Alcie dans ses bras. Elle fit signe à Iole de les rejoindre. Iole hocha la tête et jeta un regard honteux à ses bosses.

— Ça ne me dérange pas, murmura Pandie.

Iole enroule ses bras autour de Pandie et d'Alcie, et les trois amies s'étreignirent pendant un long, long moment.

Puis, certaine qu'elle ne les reverrait jamais ni l'une ni l'autre, Pandie sortit par la fenêtre et regagna les collines en courant.

Chapitre 12

La préparation

Lorsqu'elle revint à la maison, il ne restait plus que quelques heures de lumière du jour. Elle entra et trouva la table nettoyée de toute la nourriture qu'avait fait apparaître Hermès.

Sur la table, se trouvaient plutôt une longue cape doublée de fourrure, deux sacs de chanvre, une poche de transport en cuir, la carte, et quelques autres articles.

— Vous auriez pu nous aider à vous préparer pour votre départ, cria Sabine, rangeant les restes de nourriture sur le comptoir d'égouttement.

— Il fallait que je voie mon amie. Elle souffre.

— Elle n'est pas la seule, ma chère, dit Sabine, reniflant un vieux morceau d'agneau avant de le goûter. Humm ! Encore bon.

— Sabine, où est mon père ? demanda Pandie.

— Je suis juste ici, ma chérie.

Prométhée descendait l'escalier, la boîte de bois dans une main et un objet enveloppé de tissu dans l'autre. Pandie s'avança et l'étreignit autour de la taille.

— Je suis désolée d'être partie, papa. Mais Alcie… Papa, Alcie et Iole…

— Ça va, ma chérie. Il ne nous a pas fallu beaucoup de temps. De toute façon, tu n'aurais pas su où trouver la moitié des choses. Viens ici.

Il la conduisit à nouveau à la table.

— Ce sac devrait être assez grand pour tout contenir. Maintenant, voici une paire de sandales supplémentaire, une toge propre, un cure-dents de rechange et, de Sabine, cinq bâtons de sève à mâcher à la lavande et à la cannelle.

— Elle n'en ferait jamais cadeau !

— Elle a de l'affection pour toi, ma fille… et elle veut te procurer un peu de confort. De plus, cela commence à lui déchausser les dents. Maintenant, dit-il, tenant le plus petit sac, qui tinta légèrement, c'est de l'argent supplémentaire pour la nourriture et les fournitures. Sabine est en train de t'emballer quelques aliments séchés, ce qui devrait te durer un long moment, mais tôt ou tard, tu auras épuisé ta réserve. Alors conserve cet argent le plus longtemps possible.

Pandie regarda Sabine, qui respirait maintenant l'odeur d'un plat d'olives moisies, et elle se souvint qu'elle avait reniflé l'agneau quelques secondes plus tôt. Elle prit en note mentalement de vérifier toutes les provisions avant de quitter la maison.

— Voici ton sac de nourriture, continua son père, emballant tous les articles dans le sac de cuir. Ta gourde en peau et la carte, et finalement la boîte.

— Qu'est-ce que c'est ? dit Pandie, soulevant la cape. Je veux dire, je sais ce que c'est, mais à qui est-ce ?

Prométhée posa les yeux sur la cape.

— C'était… c'est… celle de ta mère. C'est le premier cadeau que je lui ai offert après notre mariage. Je suppose que c'est maintenant un peu miteux pour elle ; elle ne la porte plus. Mais la fourrure est encore épaisse et elle te gardera au chaud. Ne t'inquiète pas de la longueur, tu peux l'attacher avec ta ceinture si elle traîne un peu.

— Papa, dit-elle, ma ceinture de novice ne pourra jamais retenir cette cape.

— Exact, dit-il, puis il fit une pause et sortit le paquet enveloppé de tissu. Tu as raison, ma fille, et c'est pour cela que j'ai décidé de te remettre ceci…

Pandora déballa la ceinture argentée de sa mère.

Comme balayée par une vague, elle sentit toute émotion la quitter, sauf le désespoir. Elle était submergée, puis vint la colère contre elle-même, et ensuite une terrible, terrible peur. Elle comprit, qu'au moment même où elle aurait mis la ceinture de sa mère, ses jours de jeunesse irresponsable seraient disparus… pour toujours. Elle se colla contre son père et sanglota pendant tellement longtemps qu'elle ne fut ramenée que par la voix de Sabine, qui murmurait quelque chose à propos du fromage vert qui pouvait quand même être du bon fromage.

— Pandora, pourquoi ne vas-tu pas jouer avec ton petit frère ? dit Prométhée. Il ne sera plus aussi petit lorsque… lorsque tu reviendras à la maison.

Elle ne pouvait songer à rien, en ce moment, qu'elle aurait voulu faire davantage. Elle hocha la tête et se précipita à l'étage vers la chambre de Xander.

— Après le repas du soir, toi et moi examinerons la carte, lui cria Prométhée.

— D'accord !

Elle trouva Xander sur le plancher, tentant d'arracher avec sa bouche l'œil de verre de son cyclope rembourré.

— Hé ! toi… dit-elle doucement, s'installant près de lui et lui chatouillant la queue. Qu'est-ce que tu fais ici ? Hein ?

Xander la regarda, d'abord d'un air soupçonneux, car il était habitué de voir sa grande sœur l'ignorer, et sa petite queue se déploya avec hésitation. Mais après un moment, il lui tendit la poupée, avec laquelle elle commença à jouer. Xander rit follement des cabrioles de sa sœur avec la boule de fourrure à un œil. Il courut autour de sa chambre pour chercher d'autres jouets et d'autres poupées, expliquant attentivement et méticuleusement chacun d'entre eux à Pandie. Ils se firent tous les deux un festin inventé, qui devint une guerre, qui devint une danse, qui devint une course, qui devint un marathon d'emplettes et qui, finalement, devint une fête-pyjama quand Xander s'endormit.

Pandie s'étendit près de lui. Elle le regarda dormir paisiblement près de sa poupée Hercule. Lorsqu'elle reviendrait à la maison, elle en faisait le vœu, elle répéterait ceci plus souvent. Elle le lui promit. Elle se le promit.

— Le repas du soir ! cria Sabine.

— Déjà ? dit Pandie, descendant l'escalier.

— Bien, tu n'as rien mangé plus tôt, dit Prométhée.

Elle avait complètement oublié, prenant conscience qu'elle mourait de faim.

— De plus, je veux que tu gagnes ta paillasse au plus tôt, dit-il. Tu dois prendre autant de sommeil que possible.

Pandie s'assit devant un énorme repas de poulet, de riz, d'humus, de pain plat, de légumes bouillis, et de gâteaux au miel. Elle avala tout le contenu de son assiette et en redemanda.

Lorsqu'elle en eut finalement assez, son père sortit le sac en peau d'agneau jauni de la poche. Il commença à détacher la corde dorée, quand Pandie l'arrêta.

— Papa, laisse-moi faire au cas où personne ne pourrait le toucher sauf moi.

Il sourit et lui tendit le sac. Pandie dénoua la ficelle, brisa le sceau d'Héra, et déplia lentement la douce peau d'agneau.

À l'intérieur, il y avait un petit bol de marbre bleu. L'extérieur était divisé, de haut en bas, en trois anneaux concentriques, chacun de différentes nuances de bleu foncé comparativement au marbre bleu pâle à l'intérieur. Chaque anneau comportait une série de sept groupes d'étranges symboles ceinturant le bol. Pandie ne reconnut que quelques-uns des symboles comme étant des chiffres et des lettres.

— C'est une carte ? demanda-t-elle.

— Ça doit.

— Comment est-ce que je la lis ? demanda-t-elle.

— C'est un bol… déposons-y quelque chose, dit Prométhée.

Ils remplirent le bol avec du lait de chèvre, et pendant quelques minutes, ils observèrent la terne blancheur.

— Rien. Papa ! dit Pandie.

Ils remplirent le bol avec de l'eau, du jus de raisin, du miel, de l'huile d'olive, du vin, du jus de citron, et de la crème. Mais en vain.

— Peut-être que ce n'est pas un liquide, dit Pandie.

Ils firent l'essai de raisins, de figues, de fromage, de gousses d'ail, de feuilles de basilic, de lentilles — tout ce que contenaient les armoires à nourriture. Rien n'y fit.

— Pandora, dit Prométhée. Réfléchissons. On est censés pouvoir se servir de la carte n'importe où. Quelle est la substance la plus courante ?

—L'eau ? Mais nous l'avons essayée, papa.

— Je sais. Je sais. Mais recommençons.

Ils rincèrent le bol et le remplirent de nouveau avec de l'eau fraîche. Puis, ils se mirent à le fixer. Et ils le fixèrent plus longuement encore.

Pandora ignorait combien de temps il faudrait au ciel pour s'assombrir, mais elle savait qu'ils gaspillaient un temps précieux avec ce stupide bol. Elle allait partir le lendemain matin et ne jamais revenir, elle en était certaine. Mais elle était déterminée à être courageuse, de sorte que, quand ses larmes montèrent, elle ne les essuya pas ni ne renifla. Elle les laissa couler sur ses joues et sur son menton, éclaboussant la table.

Toutes sauf une.

Une larme manqua la table de bois où les autres avaient atterri et plongea dans l'eau.

Immédiatement, les anneaux à l'extérieur du bol commencèrent à tourner alternativement vers la gauche et la droite, se croisant à chaque tour. Enfin, trois symboles, trois mots distincts, en grec, s'alignèrent verticalement de haut en bas, et rayonnèrent d'une lumière bleu clair.

— Des larmes, Pandora ! dit Prométhée. La carte fonctionne avec tes larmes !

— Fantastique, je dois pleurer tout le temps, dit-elle, levant la main pour essuyer les larmes restantes.

— Arrête ! N'y touche pas ! dit Prométhée.

Prométhée se rendit en toute hâte au comptoir d'égouttement où il trouva une petite fiole de verre. Il la déposa soigneusement contre la joue de sa fille, recueillant cinq grosses larmes à l'intérieur.

— C'est un début, dit-il, fermant hermétiquement le bouchon de l'ampoule. Tu pourras te servir de celles-ci si tu empêches l'air d'y entrer.

— Merci, papa.

— Peut-être que c'est une bonne chose de ne pas être si brave parfois, dit-il. Maintenant, voyons à quoi nous avons affaire.

Sur l'anneau du haut, se lisait le mot Delphes. La ville était le site du fameux oracle d'Apollon et de la grande prêtresse qui savait tout et qui révélait tout, que ce soit bon ou mauvais. L'oracle était la destination de ceux qui voulaient connaître leur avenir.

Dessous, sur l'anneau du milieu, il y avait le nombre 180. En fait, ce nombre était le seul symbole sur l'anneau.

Et l'anneau du bas indiquait un simple mot :

Jalousie.

— C'est là que tu dois d'abord aller, Pandora, dit Prométhée, pointant devant elle un peu au nord et un peu à l'ouest. De ce côté.

— Papa, laissa-t-elle échapper, commençant vraiment à paniquer. Comment pourrai-je lire le reste de la carte ? Comment pourrai-je capturer n'importe quoi lorsque je serai… où je serai ?

Prométhée déboucha la fiole et recueillit quelques autres larmes, puis il prit Pandie par les épaules. Il commença lentement, ne sachant pas trop où ses paroles l'amèneraient, mais il lui fallait dire quelque chose qui pourrait réconforter sa fille.

— Écoute bien attentivement, Pandora. Je sais que tu as vu la fontaine dans le grand couloir de l'Olympe. Tu m'as posé des questions à ce sujet, mais alors ce n'était pas le meilleur moment. Maintenant ce l'est.

— Tu sais que je suis l'un des immortels… sans âge et doté de certains pouvoirs. Mais ce que tu ignores, parce que je ne te l'ai jamais dit, c'est que je suis en fait un Titan… créé avant les grands dieux de l'Olympe. Quand le monde était très jeune, nous, mes frères et sœurs, et moi, étions pratiquement les seuls êtres sur Terre, sauf quelques monstres et quelques cyclopes. Puis, mon frère Cronus et son épouse, Rhéa, souverains du Ciel et de la Terre, ont donné naissance aux grands dieux. Mais Cronus ne voulait pas qu'aucun de ses enfants ne survive, parce qu'on lui avait prédit que l'un d'entre eux le vaincrait et deviendrait le souverain suprême. Il les mangea donc, tous, sauf un garçon que Rhéa cacha au loin.

— Zeus ?

— Exact. Et quand Zeus fut assez âgé, il combattit son père pour obtenir la suprématie. Mais nous — tous les Titans — connaissions la prophétie. Zeus allait gagner, purement et simplement. Donc, même si le reste de mes frères et sœurs ont choisi de mépriser la prophétie en combattant Zeus, je l'ai soutenu, parce que, bien… essentiellement, je voulais rester vivant. Après le combat, Zeus m'a récompensé en ne m'envoyant pas dans les fosses du Tartare et en ne me faisant pas porter le poids du monde sur mes épaules pour l'éternité.

— L'oncle Atlas ?

— Exact encore une fois. Pourquoi le reste de la famille n'est-il pas avec nous les jours de festin ? C'est qu'ils sont tous enchaînés dans une fosse des profondeurs de la Terre. Mais Zeus m'a accordé de grandes faveurs. Je suis devenu encore plus astucieux et habile. C'est pourquoi Hermès et moi sommes de si bons amis. Avant, j'étais intelligent, mais je l'étais encore plus après le combat. Capable de comprendre presque tout avec suffisamment de temps… sauf peut-être ta mère.

— Papa… laissa échapper Pandie, tu as fait tout le merveilleux travail, tu as tout vu et… tu es vraiment fort et maintenant… ton travail… maintenant tu….

— …construis des atriums ? C'est ce que tu veux dire ? Pourquoi est-ce que je fais cela pour gagner ma vie au lieu de pourchasser l'Hydre et la Chimère ou quelque chose de semblable ?

Pandie haussa les épaules.

— C'est simple, Pandora. Je suis tombé amoureux et j'ai épousé ta mère. Quand tu étais en route, j'ai pris conscience qu'il me fallait trouver quelque chose de plus convenable à un homme de famille pour me garder occupé. Et alors, bien sûr, j'ai posé les yeux sur mon bébé fille et j'ai su que je ne risquerais pas ma vie alors que toi, ta mère et puis Xander dépendiez de moi. Il y a aussi que, ta mère… eh bien… elle n'aimait pas toute l'attention que je recevais… le fait que je sois un héros.

— Tu veux dire qu'elle ne voulait pas que personne d'autre qu'elle reçoive de l'attention ? demanda Pandie.

— Arrête ça, Pandora, dit-il doucement. N'oublie pas que ta mère était courtisée par les jeunes héros les plus courageux et les plus nobles. Elle aurait pu avoir n'importe qui, tu sais. Elle essaie très fort d'être une bonne… Elle échoue souvent, mais elle essaie. Regarde, Pandora, je fais ce que je fais pour la même raison qui m'a fait épouser ta mère. J'aime ce travail. J'ai fait le travail préparatoire pour les Pyramides, j'ai versé la première coulée du Colosse de Rhodes. J'ai suspendu le premier panier d'hortensias après la construction des Jardins suspendus de Babylone. Bien sûr, Zeus me fait allumer le volcan dormant quand il veut ravager telle ou telle ville. C'est un travail amusant et ça me permet de voyager. Mais au fond, je construis des choses, c'est ce que je fais… et j'y prends un très grand plaisir. Seulement, maintenant, je le fais à plus petite échelle parce que je peux ainsi être avec ma famille. Les gens auront toujours besoin d'atriums. Je ne fais que les construire de façon amusante et intelligente… personne d'autre que ton père ne peut intelligemment souder des ornements de fer avec ses mains… c'est ma marque de commerce. Ce qui me ramène au point que je voulais soulever. En plus d'avoir rehaussé mon intelligence, mon astuce et mon habileté, Zeus m'a promis que ces traits seraient transmis à ma famille. C'est pourquoi, Pandora, même si je suis absolument découragé de ce que tu as fait, profondément je ne suis pas surpris. C'était simplement trop tentant.

Elle regarda fixement son père.

— Et étant donné que tu es devenue une jeune fille, je n'ai aucun doute que tes pouvoirs commenceront à se développer.

— Quels pouvoirs, papa ? Iole en parlait aussi.

— Le pouvoir d'examiner les choses dans le moindre détail, de voir l'ensemble de la situation, pas juste la scène restreinte. D'utiliser ton merveilleux esprit dans sa totalité. Et ne l'oublie pas, ma chérie, tu es à moitié immortelle… donc le pouvoir de ton esprit peut se manifester en des façons intéressantes. Tu seras capable de déchiffrer cette carte. Tu demanderas, tu réfléchiras, tu apprendras.

— Moi, être semi-immortelle… est-ce qui a empêché la boîte de me faire du mal, comme Alcie et Iole ?

— Non, c'était Zeus, répondit son père.

— Quoi ?

— Hermès me l'a dit. Zeus ne voulait pas que tu subisses aucun mauvais effet qu'il n'a pas lui-même infligé à son gré.

— Dieux ! Alors il me faut vraiment remercier encore une fois Héra ce soir.

— Oui, dit-il pensivement. Ouais ! bien… ne compte sur rien de plus de la part de la reine du Ciel. Sur ce plan, elle ressemble beaucoup à ta mère… elle peut être généreuse, mais il y a habituellement un prix à payer.

— Hein ?

— Peu importe, répondit-il.

Pandie recommença à pleurer.

— Papa, je ne voulais pas que maman soit transformée en un tas de cendres.

— Je sais que ce n'était pas ce que tu voulais, ma chérie, dit Prométhée, débouchant de nouveau la fiole de larmes et la posant contre son visage.

— Je sais que nous ne nous entendons pas vraiment… dit Pandie. Je veux dire, les fois où elle est à la maison, mais elle me manque. Je ne sais pas pourquoi elle ne m'aime plus, mais je ne pars pas simplement pour éviter que Zeus ne nous enchaîne dans une fosse. Je le fais pour maman aussi. Tu le sais, non ?

— Bien sûr que je le sais. Et ne crois jamais que ta mère ne t'aime pas. La vérité, c'est ceci, Pandora : tu n'es plus une petite fille, et elle a de la difficulté à s'adapter à toi qui deviens une jeune fille adulte. Je sais que ça lui rappelle qu'elle n'est plus aussi jeune. Ta mère était et est encore la femme la plus magnifique de toute la Grèce, mais quand elle te voit… bien, elle souffre juste un peu d'insécurité. Mais crois-moi, quelque part sur l'Olympe, il y a un tas de cendres dans une urne, qui t'aime beaucoup.

Pandie n'avait jamais pensé à sa mère en d'autres termes que froide et forte ; le fait que sa mère n'était pas toujours pleine d'assurance ne lui était jamais venu à l'idée. Elle pensa à l'urne de sa mère, qu'elle vit déposée sur la grande table en forme de larme, et elle espéra qu'on la gardait en sécurité et au chaud.

— D'accord, dit Prométhée, refermant la fiole, c'est le temps d'aller dormir. Je serai en haut dans une minute pour t'embrasser et te dire bonne nuit.

Pandie regarda une fois de plus les choses qu'ils avaient rassemblées. Elle prit la ceinture argentée de sa mère et monta l'escalier pour ce qu'elle savait être la dernière nuit en sécurité pour un long moment.

Dans sa chambre, Pandie demeura debout pendant plusieurs minutes, à regarder fixement sans vraiment rien voir. Puis, lui apparut la vue nette de sa paillasse avec Dido qui ronflait paisiblement sur le dessus. Elle regarda intensément son secrétaire et sa petite chaise. Puis elle contempla son foyer et ses braises, qui lui procuraient une chaleur réconfortante. Pandie ramassa un morceau de bois chaud et rougeoyant. Le rejetant dans le foyer, elle commença à toucher tout ce qu'il y avait autour d'elle. Elle grimpa sur ses étagères de bois, faisant courir ses mains sur d'anciennes toges trop petites et des accessoires oubliés. Elle toucha chaque morceau de bois, chaque bosse dans les murs d'argile, le bois de son panier servant à recueillir ses toges sales…

Dieux !

Elle y avait déposé son repas le jour du projet d'école il y avait presque trois semaines de cela ! Elle s'approcha prudemment et souleva le couvercle, s'attendant à ce qu'il soit rempli de choses rampantes.

Au lieu de cela, le panier était vide, à l'exception d'un petit morceau de papyrus.

Ceci n'est pas le comptoir d'égouttement. Quand vous reviendrez à la maison, veuillez déposer votre nourriture dans le bon réceptacle.

Sabine

Post-scriptum : Prenez soin de vous.

Soudain, elle ne pouvait regarder tout assez rapidement. Elle savait qu'elle devrait dormir, mais tout son monde serait terriblement différent à partir du lever du jour et elle voulait graver le moment dans sa mémoire, quelque chose dont elle pourrait se souvenir, qui la recouvrirait comme une douce couverture pour les jours à venir.

Chapitre 13

Cher journal

— Cher journal...

— Bénie sois-tu parmi les mortels. Bonsoir, Pandora. Qu'as-tu à me dire ? dit la tête de loup.

— Comme si je ne le savais pas, ajouta-t-il. Et je le sais, alors ne pense même pas à me raconter à nouveau toute l'histoire.

— Comment le sais-tu ?

— J'entends des choses. Tu crois que je ne suis conscient que lorsque tu parles, mais c'est faux. Je vois aussi des choses. Et la Chasseresse me parle. Elle était ici plus tôt, avant que tu n'entres.

— Artémis était ici ? Dans ma chambre ?

— Oui, Pandora. Elle t'a laissé un message. Pendant toutes mes années avec toi, ce sera la première fois que je donne un conseil, mais comme cela concerne la grande dame elle-même, je le fais avec joie.

— De quoi s'agit-il ?

— Tu dois m'emporter avec toi, dit le loup.

— Pourquoi ?

— Tu oses mettre en doute la déesse qui, par amour et par respect pour ton père, son altruisme et son tourment, m'a offert à toi ? Un journal… la mémoire des événements, qui ne ressemble à rien de ce qu'aucune autre jeune fille possède ?

— Non… c'est seulement que… où te garderai-je ? Mon sac est plein et je…

— Stupéfiant ! Tu penses encore seulement à toi. Fais de la place, Pandora !

— Oui, oui, bien sûr. Je suis désolée, murmura-t-elle.

— Bien. Maintenant, ne me roule pas ; laisse-moi étendu devant ton foyer. J'aimerais être au chaud ce soir, si tu le veux bien.

Pandie déroula la peau et la déposa devant le feu. Dido se leva immédiatement de la paillasse et s'affala directement dessus.

— Oui… bien, haleta la peau de loup, c'était inattendu. Va-t-il rester étendu ici toute la nuit ? Va-t-en !

Dido ne bougea pas.

— Oh ! bien, c'est parfait. J'ai très chaud maintenant, merci, dit la peau. Qu'est-ce que ce chien a mangé ?

— Je me demandais… dit Pandie. Pourrais-tu raconter à Dido un peu de l'histoire ? Je sais qu'il a été inquiet et…

— Oui, bien sûr. Pourquoi diable devrais-je avoir besoin de dormir, humm ?

— Merci. Bonsoir, alors, dit Pandie.

— Bonsoir, fille de Prométhée.

On aurait dit que la peau de loup avait été vidée de son air.

— Dors bien dans les bras de Morphée. Bénie sois-tu parmi les mortels.

Pandie enfila sa robe de nuit. Elle lança sa ceinture de novice dans le panier à linge sale, sachant qu'elle ne la reporterait plus jamais. Étendue sur sa paillasse, elle écouta la peau de loup qui émettait de doux gémissements et Dido qui répondait avec des coups de gosier et des grognements. Elle aurait aimé apporter des milliers de choses plutôt que son journal. Qui pourrait vouloir connaître ce qu'elle allait traverser ? De toute façon, elle finirait probablement par se perdre pour toujours dans une caverne ou au sommet d'une montagne avant la fin du cycle des saisons.

Elle demeura éveillée un certain temps, imaginant d'impossibles terreurs, mais finalement, juste au moment de tomber endormie, elle sentit un léger baiser et le doux frottement de la barbe de son père sur son front.

Oh oui ! songea Pandie. Papa vient toujours m'embrasser pour me souhaiter bonne nuit. C'est comme ça depuis toujours. Comme ce sera toujours ainsi.

Et elle s'endormit.

Prométhée était assis à la large table dans la salle de séjour familiale, regardant alternativement le ciel étoilé à travers la fenêtre, et baissant les yeux sur un petit disque ovale dans sa main. C'était une gravure en marbre et en onyx noir du profil de Pandie lorsqu'elle avait environ six ans. Il se souvenait d'une petite fille assise au bord du bassin hydrologique dans le lavatorium, qui le regardait se servir de sa lame de rasoir et qui, avec toutes ses questions idiotes, le faisait rire si fort qu'il devait s'arrêter de temps en temps avant de porter la lame à son cou. Que ne donnerait-il pas pour qu'elle ait de nouveau cet âge et cette taille, assise là à le fixer avec adoration pendant qu'il se rasait...

Il scruta l'obscurité pour déceler un signe qu'Apollon se préparait à tirer le Soleil à travers le firmament.

— Il n'y aura pas de lumière pour quelque temps, murmura une voix derrière sa chaise. De plus, il y a une bonne... comment devrions-nous dire... discussion à la maison, et jusqu'à ce que nous résolvions un certain nombre de choses, l'aube devra attendre.

— Je commençais à renoncer à te voir, dit Prométhée.

— Vraiment ? Gentil. Très gentil. Douter d'un dieu, mon ami ? Je suis accablé, dit Hermès.

— Qu'est-il arrivé aux lumières brillantes ? demanda Prométhée. Je croyais que tu avais reçu l'ordre de briller.

— C'est durant le temps de travail, quand j'apporte des nouvelles ou des messages, des édits, des déclarations, et tous ces trucs, bla bla bla. Mais pas durant le temps que j'ai à moi, comme pour t'apporter ceci.

Hermès tira un petit sac vert en soie des plis de sa toge.

— De quoi s'agit-il ?

— Bien, ouvre-le, pour l'amour !

Prométhée déposa le sac sur la table et desserra la mince corde jaune. À l'intérieur, il y avait deux petites conques, chacune de la taille d'un citron moyen. Prométhée en tint une dans sa main, la tourna doucement.

— Pose-la sur ton oreille, dit Hermès.

Prométhée obéit et regarda Hermès.

— Rien… dit Prométhée pendant un moment.

— Oh ! c'est vrai ! Quelqu'un doit être à l'autre extrémité. D'accord, remets-la sur la table et, quand ellc émet un bruit, reprends-la et écoute. Attends un peu.

Hermès s'empara subitement de l'autre coquille et disparut dans un léger nuage de fumée argentée.

Après quelques secondes, Prométhée commençait à se sentir idiot de fixer la coquille, quand il perçut un léger crépitement. Il remit rapidement la conque contre son oreille et entendit la voix d'Hermès ; elle était plus aiguë, mais aussi claire que s'il avait été dans la pièce.

— Répondez, Athènes. J'appelle Athènes, répondez !

— Hermès ? Où es-tu ?

— Je peux à peine t'entendre, mon ami. Approche la coquille de ta bouche quand tu veux parler, dit Hermès.

Prométhée enleva la coquille de son oreille et parla directement dans l'ouverture.

— Où es-tu ? répéta-t-il, puis il remit rapidement la conque à son oreille.

— En Mésopotamie !

— Je peux t'entendre ! Je peux t'entendre ! dit Prométhée.

— Et cela, mon ami, c'est toute l'idée, vint de nouveau une voix derrière sa chaise.

Prométhée comprit exactement ce que cela voulait dire.

— Hermès ! Tu ne me mentirais pas. Étais-tu vraiment en… ? Étais-tu vraiment aussi loin ? commença-t-il. Ce… ce n'est pas que je doute de toi. C'est seulement que… que… cela veut dire que je peux…

Il se rassit et demeura silencieux, les yeux levés vers le dieu.

Hermès s'agenouilla près de son ami, posant une énorme main sur son épaule.

— Je t'aurais apporté un peu d'eau de l'Euphrate, mais je voulais revenir.

— Je peux lui parler, Hermès ? Demain, quand elle sera en route vers Delphes ? Où qu'elle soit, je serai capable de lui parler ? dit Prométhée, la voix tremblante.

— Plutôt fantastique, n'est-ce pas ? L'oncle Poséidon a apporté les conques des rives d'une certaine île, et Athéna les a prises pour intégrer le tour de passe-passe. Maintenant, elles sont à toi. Chaque fois que Pandora voudra parler, tu entendras un petit crépitement. Ou si tu veux du silence, ne fais que passer ton doigt jusqu'en bas le long du bord de la coquille, et alors elle vibrera très légèrement sans faire de bruit. Cependant, il y a une chose.

— Bon, bien sûr, il devait y en avoir une, n'est-ce pas ? dit Prométhée, s'effondrant.

— Ce n'est pas si mal. Cela ne fonctionne pas bien dans les montagnes. Il y a beaucoup d'interférence. Également, il se peut que Zeus surveille ta fille de près pendant un petit moment, alors ne te sers pas trop souvent des coquilles. Utilise-les la nuit, ou si c'est vraiment nuageux. Sois discret. Parce que, laisse-moi te dire que, s'il découvre que quiconque dans ma famille l'aide d'une quelconque façon, ce qu'il va te faire ressemblera à un pique-nique dans les champs Élysée à côté de ce qu'il nous fera.

Les yeux de Prométhée s'éclairèrent.

— Hermès ! Les autres en font-ils partie ? Pas juste toi ?

— Mon ami, moins tu en sais, mieux c'est. Laisse-moi te le dire ainsi : tu peux t'inquiéter, mais pas trop. D'accord ?

Prométhée lança ses bras autour d'Hermès, qui en eut presque le souffle coupé.

— Merci, mon ami.

— Ouais ! bien, ne va pas déjà danser autour d'une fosse de feu, mon ami. Eh bien ! je suis déjà en retard. Fais attention aux conques ! Je m'en vais !

Et il fut parti.

Prométhée ramassa l'une des coquilles, qu'il inséra dans la poche de transport en cuir. Il jeta un coup d'œil sur la table pour s'assurer qu'il n'avait rien oublié. Puis il monta l'escalier, passant devant les chambres entourées de rideaux de ses enfants jusqu'à son propre rideau d'intimité rouge, qu'il ouvrit avant de s'étendre pour prendre le peu de sommeil qu'il pouvait.

CHAPITRE 14

La réunion

Très haut sur le mont Olympe, Artémis descendait une longue volée d'escaliers de marbre faiblement éclairés à la suite d'Hermès, avant d'arriver à une suite de pièces obscures.

— Pourquoi es-tu si en retard ? demanda-t-elle.

— J'étais en train de livrer quelque chose à Prométhée, répondit Hermès. Un simple moyen de communication informel pour le père et la fille. Et toi ?

— J'étais en train de donner des instructions de dernière minute à son journal. Pourquoi descendons-nous ici ? demanda-t-elle en frissonnant.

— Parce que, dit son frère, descendant toujours plus profondément dans la montagne, comme personne n'utilise jamais les appartements d'Hadès, surtout quand il n'y est pas, c'est donc le dernier endroit où Héra songera à regarder.

Aucun des immortels n'avait jamais voulu s'attarder dans la suite d'Hadès. Le seigneur des Enfers avait exigé des appartements dénués de fenêtres et très faiblement éclairés, de sorte qu'ils avaient été construits au cœur du mont Olympe. Un mur était fabriqué avec des crânes de lâches qui s'étaient enfuis du champ de bataille ; le mortier qui les réunissait était mêlé à de la moelle osseuse. Un autre mur paraissait normal, mais le moindre toucher déclenchait le hurlement d'un million d'âmes tourmentées. Encore un autre n'était qu'une cascade d'acide rouge. Des rideaux d'intimité étaient faits de longues bandes constituées d'un assemblage d'arrière-molaires issues de meurtriers. Éparpillés un peu partout, il y avait d'étranges et terrifiants artefacts qu'Hadès avait amassés au cours des siècles comme dieu des morts : des os de dinosaures, des bocaux de verre remplis de perles de sang rondes étrusques, des pots de fumée, et des tapis de plancher faits de cheveux humains. Et Hadès n'avait jamais, jamais permis à personne d'entrer dans sa chambre à coucher. Parce que c'était là que se trouvait la véritable horreur : sa collection de fresques de clowns et ses albums de fleurs desséchées.

— Que se passera-t-il si elle nous découvre ? demanda Artémis.

— Aphrodite et Dionysos s'en sont occupé, continua Hermès, marchant rapidement à travers un salon lugubre. Arès fait la garde, et s'il voit ou entend la moindre chose, nous passons tous au plan bêta.

Avant qu'Artémis ne puisse demander ce qu'était, exactement, le plan bêta, ils parvinrent à une petite porte argentée. Hermès frappa à deux reprises, puis deux autres fois. La porte s'ouvrit dans un craquement, et Artémis avait à peine eu le temps d'apercevoir les yeux jaunes d'Arès qu'il avait ouvert la porte toute grande et les tirait presque dans la pièce.

Près d'une table basse éclairée par un unique cierge, se trouvaient Aphrodite, Apollon, Athéna, Poséidon, Dionysos, Déméter et Héphaïstos. Éros était endormi dans un coin, sur un sofa à coussin.

— Où est l'oncle Hadès ? demanda Artémis, tout en s'assoyant et en posant son arc de chasse près de sa chaise.

— Oh ! s'il te plaît, dit Poséidon, ajustant les quelques grandes bandes mouillées de coton qui gardaient sa queue humide. Mon frère se fiche pas mal de tout ce chaos. Il est occupé avec la souffrance et le chagrin à pleine charretée, chaque jour dans les Enfers. Tu crois que ça le dérange ? Il est excité, vraiment. C'est ce qu'il m'a dit.

— C'est malade, dit Aphrodite.

— C'est Hadès, dit Athéna.

— Au fait, où est Zeus ? demanda Déméter.

— Je lui ai dit qu'il y avait un groupe de superbes jeunes choses en train de se baigner à poil au large des îles de Delos ; il s'est donc transformé en requin et est allé nager, dit Hermès.

— Et quand il arrivera sur les lieux : personne ne se baignant à poil… brillant ! dit Arès d'une voix flûtée.

— Oh ! elles sont bien là. Quelques amies me devaient quelques faveurs, je les ai donc envoyées patauger là-bas pour un moment.

Les dieux fixèrent Hermès incrédule.

— Hé ! dit-il. Je lui ai dit la vérité… ce sont des choses. Des queues, des écailles, des nageoires, tout ce que vous voulez.

— Et je continue à faire bouillonner l'eau pour que Zeus soit incapable de distinguer quoi que ce soit pendant un bon moment, dit

Poséidon, comprimant une éponge de mer au-dessus de sa tête.

— Et qu'en est-il de « celle qui inspire la crainte » ? demanda Héphaïstos.

— J'ai donné la même information à Héra, dit Hermès. « Zeus est en train de lorgner de jolies jeunes choses… à nouveau. » Elle est sortie comme un vautour, avec une démarche lente mais meurtrière.

— D'accord, commençons, dit Apollon. Qui va aider Pandora avec quoi ? Héphaïstos, c'est toi qui as obtenu la Jalousie, exact ?

— Exact, répondit Héphaïstos, agitant son petit corps plein de suie dans sa chaise. Ce que j'ai planifié de faire, c'est…

— Attends juste un tic ou deux sur l'horloge solaire, si tu le veux bien, dit Déméter. Avant qu'Artémis et Hermès n'entrent, je crois que je demandais pourquoi Héra déteste tellement Pandora, et ce qu'elle espère gagner en envoyant cette pauvre petite jeune fille à travers la création dans une folle poursuite pour capturer les fléaux. Alors, est-ce que quelqu'un, en termes simples s'il vous plaît, pourrait me l'expliquer ?

— D'accord, d'accord… très rapidement, voici l'histoire, dit Apollon. Il y a trois ans, l'arrière-petite-fille d'Héra, Ariane de Calydon, de même que Pandora, se sont engagées dans les guides des déesses et filles d'Aphrodite. Différentes branches, mais la même organisation.

— Je suis désolée d'avoir même commencé toute l'affaire, ajouta brièvement Aphrodite.

— Ce n'est pas ta faute, ma sœur, dit Apollon. Donc le groupe avait besoin de ramasser des fonds pour… peu importe, et elles ont décidé de vendre des sacs de gâteaux à l'avoine. Mais les êtres humains ont pensé, Hé ! pourquoi ne pas en faire un concours ? La fille qui vendait le plus de sacs gagnait… qu'est-ce que c'était encore, Aphrodite ?

— Un changement de look avec moi, dit-elle en penchant la tête.

— Un changement de look ? dit indistinctement Dionysos. Ce sont des enfants.

— Peu importe, dit Apollon, partout où elles le pouvaient — dans les marchés, le long des routes de chars, devant les temples, de porte en porte, tout ce que vous voulez — les filles étaient là, colportant les gâteaux. Et parce qu'Ariane est l'arrière-petite-fille d'Héra, elle vendait des centaines de sacs. Héra avait réclamé que tous les immortels achètent des chars à bœufs remplis de ces choses !

— Des gâteaux au miel et à l'avoine, des gâteaux à l'avoine au citron, des gâteaux à l'avoine et aux raisins secs ! gémit Athéna, elle et son hibou roulant tous les deux des yeux.

— J'en ai encore des sacs pleins dans mes salles d'entreposage, dit Artémis. Je les donne aux prêtresses de mon temple pour qu'elles les offrent aux gens qui prient vraiment fort… ou pas.

— Je m'en sers comme nourriture pour les poissons, dit Poséidon.

— Ou de bois d'allumage, dit Héphaïstos. Ça brûle très bien dans la forge.

— J'en ai envoyé un million de sacs en Égypte, dit Dionysos. Ils manquaient de briques pour les Pyramides.

— Même si, et je pense que nous serons tous d'accord, interrompit Aphrodite, quand il fait chaud, il n'y a rien de mieux que de prendre un gâteau à l'avoine et à la menthe recouvert de caroube directement sur un bloc de glace…

— Donc, Ariane a pris la tête pendant un bon moment, continua Apollon. Mais Pandora est la fille de Prométhée et, avouons-le, il a essentiellement sauvé la race humaine. Quand les gens ont découvert que son enfant voulait quelques drachmes pour un sac ou deux, les commandes ne pouvaient être remplies assez rapidement. Donc, au dernier moment, Pandora a fini par gagner, et l'arrière-petite-fille d'Héra a perdu.

— Et c'est Pandora qui a gagné le changement de look ? demanda Dionysos.

— La mère de Pandora a refusé, répondit Aphrodite. Elle voulait d'abord tester les produits sur elle-même et voir si c'était adapté pour sa fille. Pandora n'avait que 10 ans alors, et oh ! elle était tellement excitée. Elle voulait seulement ressembler à sa mère. J'avais le cœur brisé. J'aurais voulu transformer Sybilline en sanglier, mais Zeus m'a dit de ne pas m'en mêler.

— Et voilà l'histoire, dit Apollon.

Il y eut un long silence.

— Vous devez plaisanter, n'est-ce pas ? C'est une blague ! dit finalement Déméter. Héra est encore en colère parce que son arrière-petite-fille a perdu ?

— Bien, Ariane aurait bien profité d'un changement de look, marmonna Aphrodite.

— Vous auriez dû voir Héra, dit Héphaïstos. Elle voulait raser la maison de Prométhée.

— Athènes. Elle voulait détruire Athènes, dit Athéna.

— Je sais qu'Héra est mesquine, malveillante, envieuse, méchante et dénuée de considération pour autrui, mais allons donc... dit Déméter.

— Elle n'a jamais pardonné à Pandora, dit Apollon. Alors maintenant que la petite a ouvert la boîte, Héra a la chance, non seulement de prendre sa revanche, mais de la punir et probablement aussi de la tuer.

— Alors pourquoi lui a-t-elle remis la carte ? demanda Déméter, faisant tournoyer ses cheveux couleur de blé. Est-ce une fausse ?

— Non, dit Athéna. Je sais que Zeus l'a vue avant qu'Héra ne l'enveloppe, de sorte qu'elle ne puisse complètement berner Pandora. La carte indique tous les endroits où se cachent les fléaux, mais c'est très difficile à déchiffrer. Regardez, nous savons que Pandora ne dispose que d'un temps limité. Elle doit tout trouver d'ici six lunes.

Il y eut une autre longue pause.

— Que se passera-t-il, encore une fois... si elle dépasse l'échéance ? demanda Dionysos, inhabituellement tranquille.

— Ouais ! que se passera-t-il si elle ne réussit pas ? demanda Artémis.

— Le mal demeurera. Tout ce qui se trouve à l'extérieur de la boîte sera permanent.

Aucune possibilité de les récupérer. Fait. Terminé, soupira Arès à travers le trou de son casque. Ça va aider mon commerce…

Tout le monde le regarda.

— Je disais ça comme ça, ajouta-t-il.

— C'est bien plus que cela maintenant, dit Aphrodite. Héra est devenue l'incarnation de tout ce qui se trouve dans cette boîte. Elle est jalouse, cupide, vaniteuse… tout ce que vous voulez. Ce qui arrivera, c'est ceci : elle balaiera l'humanité.

— Quoi ? haleta Artémis.

— Elle le fera. Ultimement, continua Aphrodite. Si le mal devient permanent, elle exploitera chaque fléau pour ses propres fins égoïstes, et avec un tel pouvoir, alimentée par toute cette haine, elle sera capable de tout détruire sur son chemin. Les hommes d'abord, comme punition pour l'infidélité de Zeus. Les femmes ensuite, parce que toute femme est une menace. L'humanité, telle qu'elle est maintenant, cessera d'exister.

— Hum ! arrêtez juste un moment, si vous le voulez bien, dit Dionysos. Si l'humanité est disparue… alors qui… qui… ?

— Vas-y, mon oncle. Parle, dit Apollon.

— Qui croira en… nous ? dit lentement Dionysos.

Tout le monde demeura silencieux.

Hermès s'éclaircit la gorge.

— Si Pandora échoue, dit-il, alors l'humanité sera éradiquée de la face de la Terre. Nous deviendrons des ombres… et nous disparaîtrons tout simplement.

— Grands dieux ! dit Héphaïstos, après une pause.

— Non. Ça ne se produira pas. Si nous avons de la chance, Héra ne fera qu'enchaîner nos esprits dans le Tartare pour nous maintenir à l'écart, dit Hermès.

— Ça, c'est si nous avons de la chance. Mon pari, c'est qu'elle créera une tout autre espèce d'êtres. Dévoués à son… faits à son image. Mais elle détruira d'abord les choses qu'elle déteste le plus, dit Poséidon.

— Va-t-elle commencer par elle-même ? demanda Arès.

— Zeus ne peut-il pas faire quelque chose ? demanda Dionysos, maintenant plutôt sobre.

— Avec autant de mal entre ses mains, même Zeus, plus puissant que nous tous réunis, aura l'air d'un chevreuil entre les mâchoires d'un lion, dit Apollon.

Le silence retomba alors que chacun des dieux pesait la signification des paroles d'Apollon.

— On doit aider Pandora chaque fois que c'est possible et partout où c'est possible, dit Hermès.

— Mais subtilement, dit Athéna.

— Et c'est là que réside notre rôle, dit Arès, frappant un poing sur l'autre.

— Exact, dit Apollon. Chacun de nous lui donne un petit peu d'aide en douce lorsqu'elle se met à la recherche du fléau que nous avons originellement mis dans la boîte. Donc, où en étions-nous ? La Jalousie ? Héphaïstos, où en es-tu ?

— D'accord. Bien, étant donné que la Jalousie… l'Envie… la Convoitise… appelez cela comme vous le voulez… était ma contribution, et je crois que nous savons tous pourquoi — il fit une pause pour fixer directement Aphrodite et Arès — j'ai fabriqué un petit filet fait d'un alliage d'adamant doré. Il est impossible de le rompre ou d'en échapper. Avec ceci, elle pourra tout capturer.

— Excellent, dit Apollon. Où se rend-elle en premier, Hermès ?

— À Delphes.

— Oh ! c'est tout simplement fantastique. Le site de mon temple et de mon oracle. Bien, je ne peux m'engager là-dedans. Héra sera aux aguets et elle courra avertir Zeus. Je dois donc demeurer à l'écart. Mais je peux aider avec la Vanité, quand elle y parviendra.

— Je suis toujours surprise de voir que cette même chose que tu crois si normale à ton sujet est celle que tu as choisi de jeter comme sort à l'humanité, dit Aphrodite en riant.

— Ne t'organise pas pour que je traverse de l'autre côté de cette table, dit Apollon.

— Mon frère jumeau et moi avons travaillé ensemble sur la Vanité, Aphrodite, alors si tu veux l'insulter… dit Artémis, s'apprêtant à saisir son grand arc.

— Les enfants, les enfants, s'il vous plaît, dit Athéna. Le mien, c'était la Cupidité, donc je m'occuperai de celui-ci.

L'un après l'autre, les dieux revendiquèrent leurs maux respectifs. Aphrodite se proposa d'aider avec la Luxure, Dionysos avec la Paresse, et Arès avec la Rage. Déméter avait déposé quelques maux moins importants comme la dépression, l'acné, les migraines, la solitude, les travaux excessifs, les poux, les choses considérées comme acquises, le désintérêt des amoureux, et un désir goinfre pour la glace aux cerises et à la vanille.

— Tu ne cesses de nous dire ce qu'est la glace, mais je ne saisis pas le concept, dit Athéna.

— Juste une idée, je continue à y réfléchir, répondit Déméter.

— Oncle Poséidon… qu'y as-tu déposé ? demanda Hermès.

— Ne vous souvenez-vous pas ? Je venais juste de faire couler les Atlantéens ingrats et arrogants ce jour-là et j'étais tout trempé, donc je n'arrêtais pas d'inonder la boîte. Toute la fumée rouge, jaune et noire ne cessait de s'éteindre. À part ça, vous les enfants, vous aviez pas mal tout couvert. Mais ne vous inquiétez pas. Je vous aiderai où je le pourrai.

— Il ne reste plus que le plus important, dit Apollon. La Peur.

— Et c'était le fléau d'Héra, dit Arès.

Un autre long silence.

— Quelqu'un a quelques bonnes idées ? Je suis réceptif à toutes les bonnes idées, dit Apollon.

— Écoutez, nous avons tout orchestré pour au moins quelques semaines, dit Dionysos. Voyons où nous en serons quand elle y arrivera. Pas de stress, d'accord? Qui veut du vin?

Soudain, Arès se raidit.

— Taisez-vous! ordonna-t-il.

Dans le silence, personne n'osa même respirer.

De quelque part dans les appartements d'Hadès leur parvenait un bruit de pas, lourds mais sporadiques, comme si un énorme corps essayait de marcher à pas feutrés dans une pièce.

Instantanément, Aphrodite agita la main et une large bannière apparut au-dessus de leurs têtes, où se lisait « Bonne fête, Héra! », et plusieurs échantillons de gâteaux se matérialisèrent sur la table.

Dionysos fit claquer ses doigts et des douzaines de petits fûts de vin apparurent près des gâteaux, et les dieux se retrouvèrent chacun avec un gobelet plein.

Héphaïstos s'empara du filet doré qu'il cacha rapidement dans les plis de sa toge crasseuse pendant qu'Aphrodite commençait à parler d'une voix bien trop forte.

— Cette bannière est charmante. Bien sûr, le soir de la fête, elle sera assez grande pour couvrir tout le grand hall!

Arès hocha la tête, puis ramassa un gobelet juste comme la porte s'ouvrait, et Héra, la bouche serrée et la mine renfrognée, remplit l'entrée.

— Ah, ha ! Les couloirs sont vides et vous êtes tous en train de comploter… et… de planifier… de m'éloigner… de m'envoyer à la poursuite de nymphes sauvages…

Puis sa mâchoire tomba.

— Hein ?

Les dieux firent un incroyable saut comme s'ils étaient absorbés, et regardèrent Héra avec leur meilleur visage déçu.

— … c'est le millésime de l'an passé de Corinthe. C'est boisé et fruité. Vous pouvez vraiment goûter le chêne et les mûres. C'est parfait pour son anniversaire.

— Quoi ? dit Héra, bouche bée.

— Oh, toi ! Ici ! Bien, il ne manquait plus que ça, dit Aphrodite, commençant à hurler. La fête est ruinée, merci beaucoup ! Et après tout le trouble que nous nous sommes donné.

— Qui n'a pas pu garder un secret, c'est ce que je veux savoir ? Qui a parlé ? demanda Apollon, regardant autour de lui.

— Est-ce pour moi ? demanda gentiment Héra.

— Oh ! je ne le prends tout simplement pas. Ça devait être la plus charmante des fêtes. Je… ne peux…. juste pas… l'accepter…

Et sur ces mots, Aphrodite sortit en courant et en sanglotant de la pièce.

— J'irai la retrouver. Pauvre petite, elle a le cœur brisé, et tu sais comme c'est rare dans son cas ! dit Athéna en se levant.

— J'y vais avec toi, dit Déméter, sortant précipitamment par la porte.

— Moi aussi ! dit Artémis.

— Maintenant, elle a probablement besoin de moi, dit Arès.

— Peut-être qu'elle a besoin de son époux, y avez-vous jamais pensé vous autres, monstres assoiffés de sang ? dit Héphaïstos, atteignant l'entrée au même moment qu'Arès, les deux dieux tentant de se faufiler par la porte en même temps.

— Bien, je jetterai tout simplement ces échantillons de gâteau si nous ne sommes pas pour nous en servir, dit Hermès.

— Que voulez-vous dire, que vous n'allez pas les utiliser ? hurla Héra. D'accord, bon, j'ai gâché la surprise… mais cela ne veut pas dire que nous ne pouvons avoir une fête, n'est-ce pas ?

— Il te faudra en parler à Aphrodite, dit Hermès, disparaissant avec les gâteaux.

— Apollon ? dit Héra en touchant son plastron doré. Apollon, nous pouvons toujours avoir une fête, n'est-ce pas ? Ça devait avoir lieu à quel moment ? Je ferai comme si j'étais surprise, je le promets. Je le ferai !

— Désolée, Héra… le plaisir semble tout simplement disparu maintenant.

Apollon baissa la tête et soupira très, très profondément. Il allait sortir de la pièce quand il remarqua que Dionysos avalait le troisième de plusieurs petits gobelets de vin. Apollon le prit par le cou de sa toge et lui fit franchir la porte.

— Viens, mon oncle, dit Apollon, c'est le temps que nous te mettions au lit.

— Cela semble bon. Laisse-moi juste prendre mon gobelet.

— Non. Pas d'autre pour toi, dit Apollon, conduisant Dionysos dans le couloir sombre. Bonne nuit, Héra. Peut-être à l'an prochain. Dors bien.

Et ils furent tous partis, laissant Héra seule avec une bannière et plusieurs fûts de vin.

— J'aurais fait comme si j'avais été surprise ! cria-t-elle après eux. Je l'aurais fait !

Elle s'assit à la table basse.

— Je l'aurais vraiment fait.

Chapitre 15

Le grand départ

Pandie se réveilla juste au moment où Apollon tirait le Soleil hors de la ligne d'horizon, un vent léger flottant sur la ville.

Elle descendit, habillée de sa toge « bonne compagnie » blanche et propre et portant la ceinture argentée de sa mère, ses cheveux ramassés à l'arrière avec une barrette en écaille de tortue. Dido était sur ses talons, et elle transportait le journal de peau de loup sous son bras. Elle se sentait bien plus vieille que lorsqu'elle était allée dormir et elle faisait de son mieux pour afficher un grand sourire heureux.

Sabine était en train de s'activer au comptoir d'égouttement pendant que son père et Xander l'attendaient à la table.

— Bonjour, papa. Bonjour, Sabine.

— Bonjour, ma fille, répondit Prométhée.

— Panddiiie ! hurla Xander.

— Salut, mon mignon, dit-elle, prenant son petit visage entre ses mains et se frottant le nez contre le sien, ce qui déclencha chez lui des éclats de rire.

— C'est pour vous, dit Sabine, déposant un plat de poulet rôti, d'œufs bouillis, de gâteaux à l'avoine et au miel.

— Des œufs… mon plat préféré. Merci, Sabine.

— Ils vous donneront un brin d'énergie, pour le départ à tout le moins… répliqua Sabine, la voix traînante.

Pandie leva les yeux pendant que Sabine se retournait pour se diriger vers les armoires de nourriture, et elle remarqua une larme isolée qui courait sur les joues de la vieille femme.

— Merci, Sabine, dit Prométhée.

Un silence chargé s'installa pendant que Pandie mangeait son repas du matin.

— Papa, tu me regardes fixement, finit-elle par dire.

— Peux-tu me blâmer ? Et puis, tu commences à ressembler à ta mère.

— S'iiiil te plaît.

— Tu seras probablement son portrait lorsque tu reviendras, dit son père.

— Si je reviens, tu veux dire.

— Ne parle pas comme ça ! dit Prométhée avec tant de force que Xander et Pandie sursautèrent tous deux.

Xander était sur le bord des larmes jusqu'à ce que son père cesse de froncer les sourcils et tende le bras vers Pandie.

Pandie termina son repas du matin d'une main ; elle garda l'autre accrochée fermement à son père.

Finalement, Prométhée tira la poche de transport en cuir en travers de la table et en retira la conque.

— C'est la chose la plus importante que tu transporteras, dit-il, baissant la tête et parlant très doucement.

Pandit le regarda fixement.

— C'est un cadeau de... quelqu'un. J'ai son double dans ma chambre. Avec cet objet, toi et moi pourrons nous parler, Pandora. Où que tu sois.

— Quoi ? murmura Pandie.

Prométhée répéta toutes les instructions et tous les avertissements d'Hermès.

— En fait, dit Prométhée, faisant courir son doigt sur le bord de la conque, ne prenons aucune chance, n'est-ce pas ? Nous la réglerons seulement pour qu'elle vibre et personne n'en saura rien.

— Est-ce que ça fonctionne vraiment, papa ?

— Ma chérie, fais-moi confiance. Mais sois prudente.

— Donnons-nous un signal, dit Pandie.

— Un signal ?

— Certainement, si tu appelles et que je ne peux parler, je dirai quelque chose comme « le cheval ailé s'envole à minuit ».

— Et si tu appelles et que je ne peux parler, dit Prométhée, même si je doute très fort que ça puisse jamais arriver, je dirai : « Sabine a préparé un merveilleux repas ».

Pandie lui fit un énorme sourire.

— Alors je saurai que les choses vont vraiment mal ici, dit-elle, puis elle fit une pause. Oh ! papa…

— Ma chérie… commença-t-il, mais à cet instant il y eut un énorme craquement de tonnerre au-dessus d'eux.

— Elle s'en va, dit-il d'une voix forte mais respectueuse, fixant le firmament, sa main couvrant la conque. Allez, pas de temps à perdre.

Il se leva, glissa rapidement la coquille à l'intérieur du sac et commença à le fermer.

— Attends, papa… je dois y mettre quelque chose d'autre.

Elle inséra son journal à l'intérieur ; maintenant le sac était gonflé, mais il se ferma aisément.

Pandie s'agenouilla et embrassa Xander sur la joue. Elle se rendit aux armoires à nourriture, où Sabine regardait tranquillement par la fenêtre, et lança ses bras autour de la taille de la vieille, vieille femme.

Pandie sentit une main noueuse saisir très fort son bras, mais Sabine ne se retourna pas. Puis Pandie mit la cape de sa mère et l'attacha à l'intérieur de sa ceinture. Elle lança le sac de cuir et la gourde d'eau en travers de chaque épaule, regarda une fois autour de la maison et sortit par la porte.

Son père marcha avec elle à travers la petite cour intérieure, vers la petite porte dans le mur entourant la maison. Dido arriva d'un bond pour la suivre et Prométhée l'attrapa par la peau du cou pour le retenir. Pandie tapota rapidement son chien, puis se retourna vers son père, sa lèvre inférieure tremblant, ses yeux fixant ses épaules.

— Plein de phileo, papa.

— Moi encore plus que toi, ma fille.

Puis elle redressa ses épaules, se tourna vers la route des chars, et s'éloigna de sa maison.

Chapitre 16

Sur la route

Pandie traversa l'agora complètement démolie et passa devant son école. Maintenant qu'elle était en ruines, elle avait bien meilleure apparence. On devrait la garder ainsi, songea-t-elle. Elle leva les yeux vers l'Acropole et le Parthénon qui fumait toujours, et la Bibliothèque, toute paisible en ce début de matinée. Il y avait son école maternelle, la Minimuse de Médée et le service de garde Héros heureux. Après sa première journée de fréquentation, elle avait supplié de ne pas y revenir ; elle sourit, se souvenant qu'aucun des autres enfants ne voulait jouer avec elle à cause de sa relation avec le feu ; ils hurlaient qu'elle les transformerait en toast humaine.

Elle connaissait chaque centimètre d'Athènes, chaque allée, chaque temple, chaque statue, chaque robinet d'eau fraîche et chaque restaurant-minute de falafels. Elle avait emprunté chaque entrée arrière menant à chaque étal de marché. Elle connaissait les coins dissimulés où les représentants du gouvernement murmuraient, les bancs où les meilleurs philosophes discutaient des mystères de la vie, et même l'endroit secret où se réunissaient les dryades le soir. Elle savait où les messagers allaient se rafraîchir, quels étaient les meilleurs points d'eau pour les chevaux de char, et dans quels jardins poussaient les fleurs les plus magnifiques.

Elle avait découvert tant de trésors cachés de sa ville bien-aimée. Et elle savait qu'elle les avait peut-être un peu tenus pour acquis, maintenant consciente qu'elle pourrait ne jamais plus les revoir.

Six heures plus tard, après avoir traversé oliveraies et vignobles, Pandie franchit la crête d'une large colline et se retourna pour regarder Athènes une dernière fois. Elle avait mal aux jambes et ses pieds commençaient à se couvrir de cloques. S'assoyant dans l'herbe près de la route, elle estima qu'il lui faudrait marcher encore pendant au moins deux semaines, peut-être plus. Elle avait faim, mais elle se dit qu'elle devait ménager ses maigres provisions, même si elle savait très bien qu'elle ne pouvait les faire durer très longtemps. Elle savait aussi qu'il lui fallait continuer à avancer, mais l'herbe était si douce et c'était tellement agréable de regarder d'où elle venait et de voir les chars et les messagers et les chars à bœufs et les gens qui grouillaient au loin...

... et un chien blanc neige qui courait vers elle devant deux filles, dont l'une passait son temps à virer vers la droite.

Pandie cligna des yeux. Elle se leva, tournant légèrement sa cheville sur un caillou, faisant éclater une cloque.

Elle regarda le trio qui s'approchait de plus en plus. Sa progression était lente parce qu'une des filles devait continuellement pourchasser l'autre, qui déviait constamment, pour la ramener sur la route. À ce moment, la fille qui se faisait traîner trépignait des pieds et agitait vivement ses bras.

Pandie commença à rire alors que Dido gravissait la colline en courant et faillit la renverser. Elle entendit les voix d'Iole et d'Alcie qui franchissaient les derniers 50 mètres.

— Je pense toujours que nous devrions te mettre une laisse, Alcie ! Ça serait utile, dit Iole.

— Je n'ai pas besoin de... hein ! cria Alcie, s'écrasant contre un laurier.

Dido était en train de renifler le sac de cuir.

— Arrête ça… ce n'est pas pour toi ! dit Pandie.

— Abricot, c'est bien vrai… ce n'est pas pour lui ! haleta Alcie, remontant la colline.

Elle la gravissait dans un certain angle, essayant de marcher vers Pandie aussi droit que possible.

— Il a reniflé notre nourriture et notre eau toute la journée. J'ai hurlé à tue-tête.

— Elle hurlait comme une sirène, dit Iole, les rejoignant.

Pandie recommença à pleurer.

— Vous les filles… que faites-vous… vous ne pouvez…

— Surtout rien de cela, ingrat petit raisin ! cria Alcie, faisant claquer sa main sur sa bouche.

Puis elle écarta ses doigts pour pouvoir parler.

— Désolée. Regarde, nous avons été debout toute la nuit, volant de la nourriture dans les armoires, rassemblant des couvertures ; Iole a même trouvé ses sandales « Tu es une jeune fille maintenant ! » et elle ne devait pas les avoir avant trois autres lunes, donc n'essaie pas de nous dire de retourner, parce que nous ne le ferons pas.

— Finalement, nous avons discouru à ce sujet toute la journée après ton départ… dit Iole.

— Elle veut dire que nous en avons parlé, dit Alcie.

— Exact, dit Iole. L'école est dévastée, il est donc hors de question d'y retourner jusqu'à la fin de la saison de plantation. Rien ne parvient à guérir mes bosses. Peut-être que quelque part ailleurs nous trouverons un remède pour les résorber… ou un remède pour les pieds d'Alcie. Regarde, j'ai apporté la vieille épée de mon père !

Elle tira une courte épée de son sac de transport.

— La lame est un peu pliée, mais… mais… Nous ne pouvons pas retourner, Pandie. À moins que nous t'aidions à sauver le monde, il ne restera plus grand-chose vers quoi revenir. De toute façon, tu as besoin de nous. Nous ne sommes pas les meilleures amies du monde pour rien, tu sais. Et si tu crois une minute que nous allons te laisser partir seule et te faire tuer ou pire quand nous pourrions être juste là à nous faire tuer ou pire avec toi… alors tu ne nous connais vraiment pas du tout !

— Citron, c'est bien vrai ! dit Alcie. Je pense.

— D'accord, maintenant, écoutez. Je suis vraiment sérieuse à ce sujet, dit Pandie. Vous, les filles… je vous aime tellement toutes les deux, mais vous devez repartir. Si Zeus découvre…

— Erreur ! dit Alcie.

— Pandie, si tout s'est passé comme tu l'as raconté, dit calmement Iole, alors Zeus a simplement dit que personne de ta famille ne peut t'aider. Eh bien ! nous ne faisons pas partie de ta famille… pas vraiment… donc personne ne se fera bouillir dans l'huile. Il ne peut reprendre sa parole. N'est-ce pas, Alcie ?

— On s'en fiche ! répondit Alcie. Je suis tout simplement heureuse d'être partie de la maison !

Pandie retint ses larmes et s'enfonça le visage dans la fourrure de Dido.

— Comment avez-vous réussi à le convaincre de vous suivre ? demanda-t-elle.

— Nous suivre ? hurla Alcie. Cet élevage de puces était étendu à l'extérieur du mur de ta cour alors que j'étais en route vers la maison d'Iole. Il m'a remarquée sur la corniche et est monté en courant tout excité. C'est comme s'il savait ce que nous étions en train de faire. Il m'a pratiquement traînée vers la maison d'Iole. Ensuite, à notre départ, il s'est élancé comme un coureur de marathon fou. Nous avons fait tout ce que nous pouvions pour le suivre. Mon petit problème n'avait pas l'air de le déranger !

Alcie regarda Dido d'un air noir, et il détourna opportunément les yeux.

— Je pense qu'il ne voulait pas que tu sois rendue trop loin, dit Iole, avec un rire.

— Mais tes parents...

— ... seront malades d'inquiétude, bla bla bla, dit Alcie.

— Nous le savons, répondit Iole. On ne peut tout simplement pas l'empêcher. C'est beaucoup trop important.

— Nous pouvons au moins leur laisser un mot pour leur dire que vous allez bien, dit Pandie.

— Comment diable peux-tu faire cela ? demanda Alcie.

— Vous verrez... mais pas maintenant, dit-elle, scrutant le ciel sans nuages au-dessus d'elle. C'est incroyable. Du moins, c'est ce que disait papa.

— Exact. J'ai arrêté de haleter, dit Iole. Allons-y.

Le sourire de Pandie commença à s'élargir sur son visage. Les filles joignirent leurs bras, mettant Alcie dans le milieu pour l'empêcher de dévier de la route. Pandie eut l'impression que son épine dorsale était faite d'adamant, alors que les quatre amis tournaient trois dos et une queue à la ville d'Athènes pour se mettre à gravir le chemin.

Elles marchèrent plusieurs jours sans incident, passant devant des fermes et des bosquets de lauriers, et franchissant de petits ruisseaux à gué. Elles se servirent de l'épée pliée d'Iole pour se frayer un chemin à travers d'épais fourrés, chaque fois qu'Alcie s'éloignait trop de la route principale.

— Que les rochers tombent sur vos têtes ! cria-t-elle. Vous savez, ça ne m'aide pas beaucoup d'avoir une sandale droite sur un pied gauche !

Sachant que trois jeunes filles seules avec un chien attireraient un peu l'attention, elles décidèrent de contourner les plus grandes villes comme Thèbes et Éleusis. Mais elles s'arrêtèrent dans les plus petites villes, ou villages, où elles demandèrent le chemin pour se rendre à Delphes. La première fois, Pandie entra seule dans une auberge et commit l'erreur de s'approcher d'un petit voleur qui, voyant sa splendide ceinture argentée, décida de l'en soulager. Pandie réussit à s'enfuir en courant avant qu'il ne puisse la lui arracher. Le voleur suivit, mais il trouva Dido, qui l'attendait à l'extérieur en montrant méchamment les dents. Ce fut la dernière fois qu'une d'entre elles se rendit quelque part seule.

Leurs nuits étaient tranquilles, pour la plupart, d'une manière plutôt sinistre où planait une certaine appréhension. La toute première nuit, Pandit sortit la carte pour leur montrer ses étranges symboles et le cercle comportant l'unique chiffre 179. Puis, aussitôt qu'elle sentit qu'il n'y avait pas de danger, Pandie prit la conque et parla doucement dans le creux. Puis elle la tint à son oreille et n'eut à attendre qu'un instant avant d'entendre la voix de son père à l'autre bout. Iole eut le souffle coupé et Alcie se pencha plus près pour entendre Prométhée. Pandie raconta tout à son père : que les filles et Dido l'accompagnaient et que tout le monde était en sécurité. Après avoir éloigné la coquille de son oreille pour qu'elles puissent l'entendre hurler, Pandie convainquit son père de ne pas venir les chercher, mais simplement de transmettre le mot aux familles que les deux filles allaient très bien.

Pandie présenta Alcie et Iole à son journal, et chaque soir, elle lui racontait leur voyage diurne pendant que les filles se reposaient. La peau de loup retransmettait l'information que donnait Dido sur la présence d'eau fraîche à proximité ou de créatures qui les observaient depuis les buissons, et sur les moyens pour se protéger. Elles partagèrent deux couvertures et la cape de Sybilline, réchauffées par Dido couché à leurs pieds ; toutefois, Pandie pouvait à l'occasion sentir bouger les bosses d'Iole qui se pelotonnait, et parfois Iole s'éveillait en riant au beau milieu de la nuit. À un moment, il se mit à pleuvoir, de sorte qu'elles furent forcées de trouver refuge sous un petit bosquet de myrtes. Pendant qu'Alcie et Iole étendaient les couvertures sur le sol, Pandie ramassa lentement une petite pile de brindilles. Pendant que les autres ne regardaient pas, elle souffla doucement et eut bientôt une pile luisante qui dégageait amplement de chaleur. Alcie et Iole étaient ahuries, mais Pandie leva deux brindilles.

— Je les ai tout simplement frottées ensemble.

Elle sourit.

— Oh ! bien, certainement. J'aurais pu le faire moi aussi, dit Alcie.

Pandie parlait brièvement avec son père la nuit, terminant toujours la conversation par « Plein de phileo, papa ». Alcie et Iole commencèrent à mimer pour s'amuser « Et moi encore plus, ma fille » pendant que Prométhée le disait à l'autre bout. Puis les trois meilleures amies se blottissaient l'une contre l'autre, épuisées, pour ensuite s'endormir.

Mais la troisième nuit, elles furent toutes éveillées par intermittence par un paon qui criaillait quelque part tout près.

— Idiot de paon ! grogna Alcie le matin suivant, marchant péniblement sur la route sinueuse, les yeux vitreux comme ceux de ses amies, à cause du manque de sommeil.

— Bien, c'est l'oiseau d'Héra… dit Pandie, et elle m'a donné la carte… peut-être est-ce une sorte de signal.

— Peut-être est-ce une indication que nous sommes sur la bonne piste, dit Iole, sur un ton rempli d'espoir.

Mais à cause de la tension dans son estomac, Pandie savait qu'Iole n'avait pas raison, tout comme elle avait su sur l'Olympe que les intentions d'Héra n'étaient pas ce qu'elles semblaient. Mais elle n'allait pas dévoiler cela à Alcie et Iole.

— Peut-être qu'il n'a pas à nous donner son message aussi fortement, dit Alcie. Oh ! pommes ! que j'aimerais tordre son maigre cou.

— Alcie, baisse le ton, conseilla Iole.

— On s'en balance !

Le matin du onzième jour, elles grimpèrent une haute colline qui surplombait une magnifique vallée. Les murs de la grande cité de Delphes étaient visibles sur le flanc du mont Parnasse, qui s'élevait majestueusement au loin. Iole évalua qu'elles se trouvaient à moins de cinq kilomètres de la ville.

— Nous serons là pour le repas du midi, dit-elle, descendant dans la vallée.

— Fameux, d'autres fruits séchés ! se moqua Alcie. Dé-li-cieux !

Un peu plus tard, elles sortaient d'une courbe et Alcie était en train d'essayer un nouveau pas, marchant de côté et croisant une jambe par-dessus l'autre (ce qui, en plus de les ralentir, était totalement inefficace), lorsque Dido s'arrêta net, chaque muscle de son corps crispé comme la corde d'un arc. Il regardait fixement vers quelque chose au loin sur la route. Pandie plissa les yeux, mais elle ne voyait rien.

— Que se passe-t-il là-bas, chien spectral? Hein?

Dido grognait et gémissait en même temps, presque comme s'il avait peur et hâte en même temps.

— Regarde. Il y a... quelque chose, dit Iole, plissant les yeux au loin.

Pandie vit deux formes émerger de quelques gros buissons sur la route principale. Dido partit en courant, fit environ 20 mètres, tourna sur lui-même à plusieurs reprises et aboya de nouveau vers les filles. Puis il courut encore quelques mètres et aboya encore.

— J'ignore si tu es au courant, dit Alcie, mais ton chien est dingue.

— Allez, dit Pandie, se précipitant vers Dido.

— Ce dingue trouve de l'eau et t'empêche d'avoir soif.

— Oh oranges! Allons-y.

À 10 mètres des deux silhouettes, Dido s'arrêta abruptement et se raidit de nouveau, mais les filles virent qu'il ne s'agissait que d'une femme incroyablement vieille qui conduisait une chèvre attachée à une corde. La femme semblait avoir peur de Dido, mais la chèvre fixait le chien de haut. Pandie remarqua que le ciel s'était soudainement assombri et couvert, et devenait de seconde en seconde de plus en plus noir.

— Je suis désolée pour mon chien. D'habitude, il est très amical, dit Pandie, attrapant la peau du cou du chien.

— Peut-être qu'il voit ma pauvre vieille chèvre comme une petite gâterie goûteuse, hein ? dit la vieille femme, sa voix résonnant comme le frottement de deux feuilles de papyrus l'une contre l'autre.

Des mèches de fins cheveux blancs tombaient sur son visage tout ridé et cascadaient dans son dos, par-dessus sa robe crasseuse et déchirée, jusqu'au sol.

— Dieux ! dit Alcie très fort à Iole. Elle est même plus âgée que Sabine.

La vieille femme tourna nonchalamment ses yeux voilés vers Alcie.

— Chut, dit Pandie, puis elle se tourna vers la femme. Veuillez pardonner mon amie… elle est malade, et nous sommes toutes très fatiguées.

— Bien sûr, dit la vieille femme. Nous cherchons des petits fruits ou des racines, n'importe quoi pour nourrir petit Laodon et moi-même.

— Laodon ? C'est un nom merveilleux ! dit Iole, caressant la chèvre derrière les oreilles. As-tu faim ? Hein ?

— Peut-être avez-vous quelque chose à partager avec nous ? Juste un morceau de pain plat ? Un raisin sec ? Un noyau d'olive un peu rongé ? demanda la femme.

— Hadès, non ! dit Alcie. Nous en avons à peine suffisamment pour nous ! Tu parles !

Panda agrippa le bras d'Alcie et la pinça très fort.

— Ouche ! hurla Alcie.

— Excusez-nous une seconde, dit Pandie à la femme alors qu'elle et Iole traînaient Alcie sur le bord de la route.

— Alcie ! Tu es fruste, dit Iole.

— Je ne suis pas... peu importe ce que cela veut dire. Je suis intelligente.

— De toute façon, nous devrons trouver d'autre nourriture, dit Pandie.

— Nous serons affamées avant d'arriver à Delphes, espèce de Charybde mangeuses de chair ! dit Alcie. Suis-je la seule ici à être capable de penser ?

— Je leur donnerai un peu de nourriture, Pandie, dit Iole.

— Et moi aussi. Et toi aussi, dit Pandie, jetant un regard noir à Alcie.

Pandie s'avança vers la vieille femme, maintenant en train de parler paisiblement à sa chèvre.

— Je suis si désolée, dit Pandie, mais c'est vrai. Nous effectuons un voyage un peu long, mais bien sûr, nous pouvons vous donner quelque chose.

Elle commença à fouiller dans sa poche de voyage pour en extraire son sac de nourriture.

— Iole, ouvre ton sac. Toi aussi, Alcie ! dit Pandie.

Elle leva les yeux pour offrir ce qu'elle pouvait à la vieille et eut le souffle coupé. Iole fit de même et laissa tomber son sac, terrorisée. Alcie s'évanouit simplement.

Les deux créatures pathétiques étaient parties. À leur place, se tenaient Athéna, un énorme hibou perché sur son poignet, et Héphaïstos, couvert de suie et difforme, mais toujours remarquablement impressionnant. Pandie sut tout de suite qui ils étaient, mais Iole tremblait de peur.

— Ne sois pas effrayée, ma petite, dit Athéna à Iole, puis elle gloussa vers son hibou.

— Tyro, vas-y !

Pandie soutenait Iole fermement, pendant qu'Athéna souleva rapidement son bras et le hibou commença à virevolter au-dessus d'elles. Elles regardèrent Tyro qui décrivait des cercles et descendait lentement. Comme un serpentin, s'étirait derrière lui un mince fil doré, qui se déposa, de façon concentrique, sur un grand massif de buissons voisins. Les buissons ne semblaient pas s'être altérés, mais Athéna fit signe à tout le monde de s'avancer vers une petite ouverture entre deux bosquets pendant que Tyro atterrissait sur son bras. Héphaïstos prit délicatement Alcie comme s'il s'agissait d'une plume et la transporta dans ses bras.

Ils se retrouvèrent dans une tente somptueusement décorée, exactement de la même couleur marbrée jaunâtre et verdâtre que le feuillage, mais assez spacieuse à l'intérieur. À leurs pieds, s'étendaient des tapis finement tissés, chacun conçu pour se mêler aux couleurs du sol. Athéna leur fit signe de s'asseoir sur des coussins aux riches tons de brun et de rouille, doux comme du velours. De petites tables étaient chargées de plats de nourriture fraîche et fumante et de gobelets de jus. Dido engloutit immédiatement le contenu d'un bol de chien rempli d'agneau rôti, puis s'installa sur le dos sur un magnifique tapis, s'y roulant avec délice. Pandie et Iole commencèrent chacune à tendre le bras pour saisir un gobelet, mais s'immobilisèrent de surprise à la voix d'Athéna.

— Nous ne sommes ici que pour un moment, Pandora. Nous serons brefs, et vous devez écouter avec attention. Héphaïstos ?

Alcie, étendue sur un coussin jaune sourd, commençait à reprendre conscience.

— C'est pour toi, fille de Prométhée, dit Héphaïstos, s'avançant sur ses jambes grêles.

D'un sac de soie accroché à sa taille, il retira le filet doré adamantin qu'il tendit à Pandie.

— Nous savons ce que tu cherches. Ceci prendra au piège tout ce que tu désires ; utilise-le bien et avec sagesse.

— Très bien, commença Athéna. Et maintenant, je te donne…

— Ai-je besoin d'être plus spécifique ? dit-il en se tournant vers Athéna et en murmurant. Je veux dire, c'est tout ce qu'il y a de plus simple, mais encore une fois j'ai fabriqué la chose. Peut-être ai-je besoin de faire une démonstration, hein ? C'est ça, je ferai une démonstration…

— Non, dit Athéna en roulant des yeux. Elle comprend. Tu comprends, n'est-ce pas, Pandora ?

— Oui, je comprends ! Je comprends. Oh ! merci, merveilleux Héphaïstos…

Pandie mit le filet dans son sac, puis impulsivement, se précipita vers lui pour lui embrasser la joue.

— Oh, oh ! Je suis tellement, tellement désolée ! dit Pandie, s'inclinant, mortifiée.

Mais Héphaïstos, souriant, posa une énorme main sur son visage et rougit de sept différences nuances de rose. Il regarda Iole et fit un clin d'œil.

— Gaa… ack… bégaya Iole.

Alcie était maintenant sur ses pieds, n'ayant pas la moindre idée d'où elle se trouvait, les yeux grands comme des plats de service.

— Ah ! tu as décidé de te réveiller, n'est-ce pas ? Celle qui ne croit pas au partage, dit brusquement Athéna.

Alcie ouvrit la bouche pour répondre, mais Pandie ne voulait courir aucun risque. Se levant d'un bond, elle couvrit le visage d'Alcie si rapidement que cette dernière n'eut pas le temps d'émettre un son.

— C'est ma faute, grande Athéna. Elle était près de la boîte quand tout s'est envolé et elle… elle… elle n'agit pas toujours comme cela !

Mais Athéna regardait maintenant directement dans les yeux d'Alcie.

— Ça m'importe peu si le souffle de vie quitte ton corps, Alcestis Artemisia Medusa. Quand quelqu'un de moins fortuné que toi est dans le besoin et désire quelque chose, fais ce que tu peux, fais ce que tu dois. Tu es de naissance noble, donc commence à agir ainsi, boîte ou pas boîte ! Tire la leçon de Pandora. Tu ne sais jamais quand tu te trouveras à parler à quelqu'un qui pourrait t'aider durant ce voyage difficile… comme un dieu ! Athéna se détourna.

— J'aurais pu réparer tes pieds, ajouta-t-elle, tu sais, si tu avais été plus gentille. Pas maintenant, bien sûr, mais peut-être plus tard… nous verrons. Je ne veux pas trop faire en même temps. Je ne veux pas qu'on dresse l'oreille à la maison. Maintenant, Pandora, je t'offre un petit quelque chose. Ce n'est pas autant que le filet, mais ça peut être pratique.

Elle fit apparaître un petit buste en marbre à son effigie, de la taille d'une orange.

— Je ne peux t'accompagner dans ce voyage, continua-t-elle, mais cette chose prononcera des paroles de sagesse en mon nom. Si tu es troublée ou si tu as des doutes, demande à ce buste et il te répondra. Mais il ne te donnera la réponse qu'une fois et la langue peut se fourcher quelque peu. Problèmes de conception, je suis désolée de le dire. Le marbre est dur. Essaie de ne pas t'en servir trop souvent. Et seulement la nuit, si c'est possible, ou quand c'est nuageux.

Pandie enleva sa main de la bouche d'Alcie et lui pinça le bras pour lui indiquer de demeurer silencieuse alors qu'elle acceptait le buste.

— Merci, très grande Athéna. Merci tous les deux ! Vous n'avez aucune idée comment...

— Oh ! ne sois pas idiote, bien sûr que nous le savons, dit Athéna. C'est bien alors, nous devons partir rapidement. Oh ! au fait, j'ai rempli vos sacs de nourriture avec de nouvelles provisions et j'ai ajouté une quantité illimitée de pain plat et de fruits secs. Ce n'est pas de l'agneau, mais vous ne serez pas affamées, les enfants. Héphaïstos ?

— Hum ! en route pour Delphes ! fut tout ce qu'il put penser à dire avant qu'Athéna n'agite la main.

Puis les dieux et la tente de camouflage disparurent, et le ciel redevint d'un bleu sans nuages.

Pandie ouvrit sa poche de cuir pour y glisser le buste, pensant qu'il lui faudrait tout écraser très profondément pour faire plus de place. Mais de façon surprenante, l'intérieur de la poche, même avec tout ce qu'il y avait dedans, était très vaste, presque comme si elle était vide. Et l'extérieur était aplati, et non gonflé par la masse des sacs, des sandales et des fournitures. Elle pouvait insérer le bras à l'intérieur et toucher à tout, pourtant la poche semblait dénuée de fond.

— Hé ! regarde ce que j'ai trouvé ! dit Iole.

Elle tendit la mince corde qu'Athéna, quand elle était une vieille femme, avait utilisée pour conduire la chèvre.

— Ça peut être pratique, on ne sait jamais, dit-elle.

Iole commença à l'assembler en un rouleau. Elle l'enroula plusieurs fois, mais la corde sortant des buissons semblait interminable.

— Par les sirènes de Tartare ! Ce n'était pas aussi long avant, dit Alcie.

Iole, tirant toujours et formant des boucles avec la corde, regarda vers les buissons.

— Je pense que je vais juste oublier ça, finit-elle par dire à Pandie. Nous ne pouvons transporter quelque chose d'aussi gros…

Soudain, l'autre extrémité fut dans sa main et le rouleau de corde était complet.

— Hein ? dit Iole, très surprise.

— Laisse-moi voir, dit Pandie

Iole lui tendit le petit rouleau.

— C'est impossible… nous l'avons tous vu, n'est-ce pas ? dit Pandie. Et maintenant c'est… Bien, je suppose que nous n'avons pas besoin de quelque chose d'aussi petit. Peut-être que si c'était un peu plus gros, nous pourrions l'utiliser…

Elle n'avait pas aussitôt prononcé ces mots que le rouleau dans ses mains ajouta d'autres boucles et la corde elle-même devint un peu plus épaisse. Pandie réfléchit très fort pendant un moment.

— Plus petit, dit-elle.

La corde se rétrécit en diamètre et perdit plusieurs boucles en longueur.

— Encore plus petit, ajouta-t-elle.

Instantanément, elle tint dans ses mains un petit rouleau de corde de chanvre.

— C'est fantastique ! dit Alcie.

— C'est brillant ! dit Iole.

— Cela entre dans le sac ! dit Pandie, réouvrant sa poche sans fond.

Elle regarda vers le ciel.

— Merci, Héphaïstos. Merci, Athéna.

Dido aboya brièvement pour les faire avancer. Le soleil était presque à son zénith et Iole calcula qu'elles avaient à faire environ quatre heures de marche pour arriver aux barrières de la ville.

— GRENADES ! Je n'ai rien eu à manger ! Et ce coussin était la chose la plus douce que j'aie sentie en plusieurs jours, marmonna Alcie.

Alcie au milieu et Dido qui menait la marche, heureux et rempli par son petit déjeuner, les trois filles avancèrent d'un pas lourd pour franchir les derniers kilomètres qui les séparaient de Delphes, Pandie et Iole déposant tour à tour des figues séchées dans la bouche d'Alcie — simplement pour qu'elle se tienne tranquille.

Chapitre 17

Delphes

Dès le moment où elles franchirent les grandes barrières de la cité, elles se sentirent submergées. Même si l'étendue de Delphes était bien inférieure à celle d'Athènes, ses rues étaient au moins deux fois plus bondées. Pandie essaya de retenir Dido par la peau du cou, mais quand elle en eut assez de se faire pousser et bousculer, elle finit par abandonner. Tout le monde semblait se diriger vers le centre de la ville, et les filles étaient emportées par un fleuve de membres malpropres et de toges sales. D'imposantes bouffées d'odeurs les frappèrent toutes en même temps ; elles traversèrent tour à tour des poches d'encens, d'odeurs corporelles, de patchouli, de vin vieilli, de détritus, de lourds parfums, de savon et de fumée de viandes rôties et épicées. La ville ressemblait à une place du marché géante. Partout, des vendeurs offraient une panoplie de marchandises au voyageur las, au touriste ou au chercheur d'information, et elles avaient toutes le même point commun : quelque chose à voir avec l'oracle d'Apollon.

Près des morceaux pétrifiés de chèvres sacrificielles, de petites répliques du fameux temple pendaient à une corde de chanvre. Un marchand de parfum vendait des fioles d'huile, garantissant qu'il s'agissait du même produit que celui dont on se servait sur le grand autel. Il y avait des savons, des lotions et des baumes corporels contenant les cendres des feux sacrificiels. Des feuillets de papyrus vantaient le régime miracle de la grande prêtresse, qui avait perdu une étonnante quantité de poids en seulement deux lunes : « Apprenez son secret "Soleil" spécial » ! Des prospectus racontaient les phénomènes de l'oracle : « L'homme de l'Ithaque parle à la grande prêtresse, découvre qu'il est mort. » « On prédit l'avenir d'une femme lycienne : elle trouvera le grand amour avec un char à bœufs ! »

Pour trois drachmes, on pouvait acheter un petit carré de pain plat avec l'image d'Apollon et un certificat authentifiant que le dieu du Soleil lui-même avait touché au pain. Ou bien, pour 10 drachmes, 4 esclaves faisaient monter une femme sur une litière miteuse et lui faisaient faire le tour d'un secteur de la ville « dans un style digne de la grande prêtresse ! »

Les filles furent poussées et bousculées par des colporteurs, des conteurs, des magiciens, et des femmes qui vendaient des choses qu'Iole qualifia immédiatement de « répugnantes ». Il y avait des chiromanciens, des jongleurs, des marchands de vin et des dizaines d'auberges. À l'approche du centre de la ville, de faux diseurs de bonne aventure cherchèrent à les appâter avec des messages racoleurs :

— Oracle dont l'exactitude est garantie à 100 pour cent, ou vos drachmes vous sont remis !

— Bonne aventure ! Faites-vous lire la bonne aventure ici, mesdemoiselles !

— Tout le monde est gagnant dans la tente d'Eos le magnifique !

— Verrues ? Lèpre ? Amblyopie ? Apollon me révèle ce que vous devez faire pour y remédier.

— ... Je devine aussi votre poids et votre date de naissance !

Enfin, les filles virent devant elles, à l'autre bout d'une large place ouverte : l'énorme temple qui abritait l'oracle. C'était aussi la maison de la grande prêtresse et de ses acolytes : des jeunes filles qui s'entraînaient pour devenir des prêtresses. Le temple faisait au moins 70 mètres de hauteur et avait d'immenses colonnes de marbre poli. D'énormes lampes à huile, leur flamme brûlant continuellement, gardaient l'entrée. Des milliers de gens attendaient pour entrer, plusieurs se tordant les mains et pleurant. Certains transportaient des enfants malades ou aidaient des parents âgés ; d'autres étaient estropiés, aveugles ou malades. Il y avait aussi ceux qui paraissaient bien physiquement et qui étaient simplement intéressés à connaître leur avenir ; mais une certaine tension semblait aussi les habiter. Depuis combien de temps ces gens attendaient-ils ? se demanda Pandie.

Puis elle vit l'enseigne sur les portes du grand temple.

— Parti pour le repas du midi. De retour à 14 heures.

— Oh, mûres ! J'ignorais qu'autant de gens avaient tant de problèmes ! dit Alcie.

— La moitié d'entre eux n'en avaient probablement pas il y a un mois, dit Pandie. Viens, et trouvons un endroit où je peux réfléchir pendant un moment.

Avec Dido sur leurs talons, elles franchirent la place et s'arrêtèrent à l'auberge la plus proche, où elles s'assirent à une petite table extérieure.

— Je viens juste de me rendre compte, dit Pandie, que je n'ai aucune idée où chercher la Jalousie dans sa forme la plus pure. Je ne crois même pas que je la reconnaîtrais si je la voyais.

— Regarde dans mes yeux, dit Alcie. C'est la seule chose que je ressens quand je vois quelqu'un qui marche normalement. Peut-être peux-tu la trouver en moi !

— Que vous sert-on, jeunes filles ? demanda une serveuse corpulente qui s'approchait de leur table.

— Oh ! Hum ! Un gobelet de jus de raisin, s'il vous plaît, dit Pandie.

— J'aimerais aussi en avoir un, merci, dit Iole.

— Du vin pour moi ! dit Alcie, croisant les bras.

La serveuse, Pandie et Iole regardèrent simplement Alcie. Sous la table, Dido se couvrit les yeux de ses pattes.

— Quoi ? dit Alcie, leur lançant un regard noir. Oh ! d'accord... du jus de raisin, ma bonne dame !

— Hé ! dit Pandie, alors que la serveuse s'éloignait. J'essaierai de poser des questions au buste !

— Bonne idée ! répondit Iole. Tu peux le faire juste ici.

— Tu plaisantes ? Quelqu'un va certainement le remarquer, dit Pandie.

Puis elle promena son regard autour de l'auberge : c'était rempli de gens infortunés. Des personnes seules assises, marmonnant doucement, et jetant un coup d'œil à la file pour voir si elle avançait. Des couples qui se querellaient. Des familles essayant de maîtriser leurs enfants, argumentant avec la serveuse au sujet du montant de la facture. Un homme passait son temps à regarder le ciel d'un air nerveux. Une autre femme était tout simplement assise à sa table et pleurait. Tournant ses yeux vers la place du temple, Pandie constata que la plupart des gens se trouvaient dans une sorte d'état désespéré et qu'il était probable qu'ils ne portent pas attention à trois filles qui parlaient à une statue.

— Bien, ce n'est ni nuageux ni sombre… mais nous n'avons pas d'autre choix, dit Pandie.

D'un air décontracté, elle déposa sa poche de voyage sur la table et souleva le rabat.

Les filles se penchèrent vers l'avant. Pour les passants intéressés, on aurait dit qu'elles étaient en train de manger le contenu d'un sac de nourriture. Heureusement, personne n'était intéressé.

— Très grande Athéna… murmura-t-elle dans le sac.

— Attends ! dit Iole. Pandie, fais très attention à ce que tu demandes. Rappelle-toi, il ne te répondra qu'une fois.

— Je sais ! Je sais ! dit Pandie.

Elle inséra le bras dans le sac et sortit le buste à la lumière du jour.

— Très grande Athéna, à quel endroit, à Delphes, puis-je trouver la source pure de la Jalousie ?

Les paupières du petit buste s'ouvrirent. Les petits iris étaient du même vert clair que ceux d'Athéna. Les lèvres minuscules bougeaient bizarrement comme si la langue était engluée de miel, prononçant quelques mots mêlés de clics.

— À (clic) du temple. Retournez à (clic). Jusqu'à (clic).

Les lèvres cessèrent de bouger et les paupières se refermèrent.

— Et merci, très grrrande Athéna ! râla Alcie.

— Chut ! dit Pandie.

— Bien, Alcie a raison, Pandie. Est-ce à l'intérieur ou à l'extérieur ? Et pourquoi nous dit-il de retourner ? Retourner où ? dit Iole.

— Quelle heure est-il ? demanda Pandie, remettant le buste dans son sac.

— 12 h 30, répondit Iole, jetant un coup d'œil sur l'horloge solaire de l'auberge.

— Il nous reste une rotation et demie sur le cadran avant que la file ne recommence à bouger, dit Pandie. Allez. Avalons rapidement notre breuvage. Nous n'avons pas de temps à perdre.

La servante apporta leurs gobelets de jus, que Pandie et Iole burent en une seule gorgée. Alcie prenait son temps.

— Je préfère siroter le mien, permettre aux saveurs d'enrober ma langue…

— Alcie, si tu n'arrêtes pas… dit Pandie.

— D'accord ! dit-elle pour ensuite enfiler son jus.

Se levant, elles comptèrent chacune quelques précieuses pièces de monnaie pour régler la facture.

— Tu dois laisser un pourboire, Alcie ! dit Iole.

— Des figues pour vous ! siffla-t-elle, mais elle sortit une autre pièce de drachme.

Pandie prit la tête pour regagner la place du temple. Maintenant, la file d'attente était tellement longue... Pandie ne pouvait en voir la fin.

— Oh, lézards à cinq têtes ! C'est beaucoup de gens, dit Alcie.

— Elle doit s'étirer jusqu'aux portes de la cité, dit-elle. Essayons de ce côté-ci.

Elle s'éloigna de la longue file et se dirigea vers le côté opposé du temple. Il y avait beaucoup moins d'agitation à cet endroit, beaucoup moins de vendeurs et de commerce de rue : toute la véritable activité se trouvait à l'avant. Elles passèrent devant quelques touristes désintéressés, et les filles firent semblant qu'elles faisaient une excursion pédagogique pour l'école, parlant avec animation de l'histoire de l'oracle et traitant leur professeur de vraie tête d'argile. Atteignant le coin opposé à l'arrière du temple, elles s'arrêtèrent pour s'orienter.

Un mur de pierres, qui s'élevait à quelque 12 mètres, entourait le temple principal. Au coin, juste au-dessus d'elles, se dressait une grande statue décorative d'un jeune grec, le bras étendu vers l'arrière en position de lancer du disque.

— Nous devons monter là. Il doit y avoir une entrée arrière, non ? demanda Pandie.

— Bien, dans tous les manuels du temple que j'ai étudiés... dit Alcie.

— Tais-toi, Alcie ! dit Iole. Il y en a probablement une, surtout s'il y a une terrasse là-haut. La grande prêtresse aurait besoin d'un moyen pour sortir d'ici sans devoir toujours faire le grand tour pour gagner la façade.

— Nous ne pouvons grimper... ce mur est trop élevé et lisse, dit Alcie.

— Oh ! que je suis intelligente ! dit Pandie.

— Quoi ? demanda Iole.

— La corde ! dit Pandie.

Les trois filles échangèrent quelques regards pendant une seconde, puis Alcie pinça le bras de Pandie.

— Ouche !

— Ouais ! la sensation n'est pas si extraordinaire, hein ? dit Alcie. Mais c'était pour ton incroyable ingéniosité !

— J'espère que ça fonctionnera, dit Iole.

— Il le faut. Les dieux ne donnent pas des choses inutiles, dit Pandie, tirant la petite corde de son sac.

Elle la tint dans ses mains et, Iole et Alcie la cachant des regards, elle dit tranquillement : « Plus longue ».

Instantanément, les quelques minces boucles se multiplièrent et la corde s'épaissit. Pandie essaya rapidement de faire une boucle à une extrémité, mais ses nœuds ressemblaient à ceux qu'elle utilisait pour attacher ses lacets de sandale. Lorsqu'elle serra le nœud très fort, il se détendit à nouveau et les filles comprirent qu'ils se relâcheraient avec le moindre poids. La seule chose à laquelle elle pensa fut de dire :

— Fais une boucle et un nœud.

La corde fit une autre boucle, puis se torsada pour se transformer en un nœud si compliqué qu'elles étaient incapables de dire où était le début et où était la fin.

— Maintenant, voilà un nœud ! dit Alcie.

Pandie allait lancer la corde aussi haut qu'elle le pouvait, essayant d'attraper le bras ou la jambe du lanceur de disque. Mais elle s'arrêta brusquement et regarda autour d'elle.

La partie arrière de la place du marché du temple était encore un peu déserte, mais quelques-uns des vendeurs de nourriture avaient quitté leur étal et s'étaient rassemblés pour une petite causette de mi-journée. Encore pire, quelques citoyens chargés du maintien de l'ordre s'étaient joints à eux. Un peu plus loin, un groupe de touristes dessinaient de rapides croquis du temple à l'anthracite, positionnant et repositionnant leurs amis pour un bon cadrage de la vue.

— C'est trop risqué. Nous devons nous organiser pour que ces gens sortent d'ici, dit Pandie.

Elle réfléchit un moment, puis tira son journal de peau de loup de son sac.

— Cher journal… dit-elle en le dépliant.

— Bénie sois-tu parmi les mortels. Bonsoir, Pandora. Qu'as-tu à me dire ? dit la tête de loup, plissant les yeux. Oui, bien. On dirait qu'il fait trop clair pour que ce soit le soir, n'est-ce pas ?

— Hum ! rien à dire à ce moment précis. J'ai besoin que tu m'aides, dit-elle.

— Bien… je ne sais pas ce que je peux…

— S'il te plaît, écoute ! Il faut que tu dises à Dido de créer une diversion assez longue pour que nous puissions monter sur ce mur… si nous en sommes capables, dit Pandie.

— Ah ! oui… et ensuite, qu'est-il censé faire ? dit le journal d'un ton sec.

— Dis-lui de rester hors de vue. Arrange-toi pour qu'il nous attende derrière l'auberge où nous nous sommes rendues plus tôt, mais dis-lui de garder un œil sur les portes avant du temple. Lorsqu'il me verra là, il pourra sortir en toute sûreté.

— Très bien, dit la peau.

— Dido ! Viens ici, mon garçon ! appela Pandie, et Dido fut immédiatement à ses côtés.

Elle plaça la tête de loup près du chien et les trois filles essayèrent de parler de la manière la plus décontractée possible par-dessus les gémissements et les glapissements échangés entre le chien et le journal.

— Il comprend tout à fait, dit finalement le journal.

Dido leva les yeux vers Pandie, qui se pencha et posa son visage contre le sien.

— Bon garçon ! Maintenant, vas-y !

Dido lui lécha le visage et partit comme une flèche. Il s'arrêta devant un vendeur de viande rôtie, se dressa sur ses pattes de derrière, aboya férocement, et tira prestement un morceau de bœuf du chariot du vendeur, causant un tumulte général. Ensuite, il se précipita dans un étal de vendeur de soie, où il secoua la pièce de viande d'un côté à l'autre, éclaboussant de jus et de lambeaux de chair les tissus dispendieux. Puis il se dirigea vers une allée latérale avec une foule grandissante à ses trousses. Chacune des filles dit une petite prière pour sa sécurité. Pandie remercia le journal et le remit rapidement dans sa poche de voyage. La partie arrière du temple était maintenant déserte. Pandie lança la corde aussi haut qu'elle en était capable, mais elle ne réussit pas à attraper la statue.

— Laisse-moi essayer ! dit Alcie.

Elle la lança un peu plus haut, effleurant la jambe de la statue, mais la corde ne l'attrapa pas.

Pandie reprit la corde.

— Attrape… et tiens bon ! dit-elle.

Elle la lança de nouveau et la corde vola plus haut que jamais. La boucle attrapa le pied de la statue et tint bon.

— Essayons quelque chose de vraiment fou, dit Iole, alors que Pandie commençait la difficile escalade. Demande-lui de nous monter.

— Brillant ! Corde, monte-nous ! dit Pandie, et la corde commença à la soulever plus haut dans l'air. Accrochez-vous bien !

Iole et Alcie attrapèrent la corde sous Pandie.

— Merci, dit Alcie à Iole d'en bas. Je n'avais aucune idée, dans toute l'Illyrie, de la manière dont j'allais grimper. Tu es pas mal brillante pour quelqu'un qui n'est même pas encore une jeune fille !

— Il n'y a aucune place pour mes pieds ! dit Iole.

— Il y a de petites saillies de pierre dans ce mur, dit Pandie. Essaie de trouver une prise pour ton pied ; ça t'aidera à te stabiliser.

— Pour toi, c'est facile à dire..., répondit Alcie

Elles atteignirent toutes le dessus du mur rapidement. Se hâtant de grimper sur le rebord, elles constatèrent qu'il y avait effectivement une large terrasse arrière et une petite entrée près d'un coin du mur arrière du temple.

— Plus petite, dit Pandie à la corde, qui redevint bientôt une ficelle qu'elle remit dans sa poche.

Elles traversèrent rapidement la terrasse et donnèrent un léger coup sur la petite porte.

Celle-ci s'ouvrit facilement, et sans réfléchir à ce qu'il y avait au-delà, les filles entrèrent dans le temple d'Apollon.

Chapitre 18

Le temple

Il faisait presque complètement noir.

Juste au-dessus d'elles, une torche brûlait faiblement. Devant, elles pouvaient discerner d'autres torches, fixées par des appliques, allumées. Laissant leurs yeux s'habituer à l'obscurité, elles se retrouvèrent au bout d'un long couloir étroit qui longeait un côté du temple. Pandie, Alcie et Iole se regardèrent.

— Bien, nous sommes à l'intérieur et nous sommes allées jusqu'à l'extrémité arrière, dit Alcie.

— C'étaient les indications qu'a données le buste, dit Iole, avec un rire sonore.

— Chut ! dit Pandie.

— Désolée… je n'ai pu m'en empêcher, répondit Iole.

— D'accord, les filles, vous attendez ici, dit Pandie, se redressant et essayant de prendre un ton de commandement.

— Comme si nous allions te laisser partir sans nous, dit Alcie.

— Comme si on allait faire ça ! dit Iole en s'avançant.

— C'est mon expression ! dit Alcie.

— D'accord, d'accord… nous y allons toutes les trois… mais laissez-moi prendre la tête, dit Pandie.

— Ça va pour moi, dit Alcie.

Pandie marcha lentement devant, dans l'obscurité. Elles arrivèrent à une ouverture dans le mur à leur droite, où s'ouvrait un étroit escalier ascendant. Deux torches brûlaient brillamment au-dessus de leurs têtes.

— Montons-nous ? demanda Iole.

— Je l'ignore, dit Pandie. Je crois, qu'en haut, il n'y a probablement que des pièces de séjour. Continuons.

Plus loin, une autre torche illuminait un plus petit corridor qui s'évanouissait dans l'obscurité. Elles captèrent l'odeur caractéristique d'animaux.

— C'est là qu'ils gardent les animaux pour les sacrifices, dit Pandie.

— Pauvres petites chèvres et pauvres petits agneaux… se lamenta Iole. Seuls dans le noir. Probablement gardés dans des enclos.

Elles s'avancèrent vers une autre torche qui brûlait faiblement dans le couloir. S'approchant tout près, elles pouvaient voir au-delà une partie d'une chambre éclairée ; elles sentirent de l'air froid et une légère brise.

— Nous devons nous approcher de la pièce principale, dit Iole.

Pandie s'arrêta juste avant l'ouverture. Elle se plaqua contre le mur et se retourna pour jeter un coup d'œil furtif.

— Oh !

— Quoi ? Laisse-moi voir ! dit Alcie, se penchant et tendant le cou devant la taille de Pandie.

— Wow !

— Je n'ai jamais rien vu d'aussi immense, dit Iole, presque sur le plancher, regardant derrière les jambes d'Alcie.

— J'ai déjà vu… La grande salle sur l'Olympe, dit Pandie. Mais celle-ci est étonnante.

Elles s'avancèrent silencieusement dans la salle du grand autel.

L'immense salle était complètement déserte. À l'autre bout, s'élevaient les larges portes menant à la place du temple, une lumière brillante pénétrant à l'intérieur, de chaque côté. D'énormes colonnes de soutien étaient dressées jusqu'au plafond massif de marbre. Des lampes à l'huile étaient accrochées à des chaînes, qui disparaissaient dans l'obscurité au-dessus d'eux. Le long des murs, des fresques à la craie richement colorées décrivaient des scènes d'Apollon en train de guérir les malades de corps et d'esprit. De larges urnes de marbre blanc étaient installées à différents intervalles pour recevoir les tributs et les dons. Près des portes principales, des séries d'étagères étaient réservées aux suppliants pour y déposer leurs sandales ; tous ceux à qui l'on permettait de s'approcher de l'autel devaient être pieds nus. Une allée s'étirait, depuis les portes principales, en ligne droite entre les colonnes jusqu'à une petite section circulaire au milieu de la salle où, supposa Pandie, les suppliants devaient se présenter devant la grande prêtresse. Elle était séparée du reste de la salle par un mur de marbre bas et circulaire, que personne n'était autorisé à franchir.

À sa droite, Pandie aperçut une partie d'une immense structure. Se glissant doucement à l'intérieur de la salle, elles se précipitèrent derrière les colonnes pour se cacher ;

de l'endroit où elles étaient, elles faisaient directement face au grand autel.

Pandie crut qu'elle allait cesser de respirer. C'était la première fois qu'elle voyait quelque chose de si effrayant. Au-delà du petit cercle, une série d'escaliers de pierre noire s'élevait du sol. Une vingtaine de marches menaient à une terrasse plate. De sa cachette, Pandie aperçut deux épaisses plaques de pierre noire reposant côte à côte, des volutes de fumée chaude s'élevant de la fente qui les séparait. Dans l'espace au-dessus des plaques, une longue chaîne de métal était suspendue à un gigantesque crochet attaché à l'extrémité. Le crochet et la chaîne étaient enduits de la même substance noire qu'elle avait remarquée sur le plastron d'Arès sur l'Olympe, et Pandie comprit qu'il ne s'agissait certainement pas de peinture. Au-delà de la terrasse plate, 30 marches noires menaient à une plus petite plateforme, sur laquelle reposait une simple chaise de marbre.

— Écoutez ! dit Iole.

Il y eut un sourd grondement sous les plaques de pierre. Le bruit s'intensifia pendant quelques minutes, puis soudain, une pluie d'étincelles et un geyser de fumée sortirent de la fissure avec une telle force que les pierres en furent presque déplacées. Le bruit s'évanouit rapidement.

— Ils ne ressemblent pas aux autels de chez nous. Crois-tu qu'ils descendent les petits animaux dans… ? dit Iole.

— Je ne veux même pas penser à ce qui se passe ici, dit Pandie.

— Bien, nous en avons vu suffisamment… Allons chercher le truc de la Jalousie et sortons, murmura Alcie.

Brusquement, une grande femme vêtue d'une majestueuse robe noire et dorée apparut au sommet de l'autel, hurlant quelque chose à pleins poumons par-dessus son épaule, ses cheveux noirs fouettant l'air d'un côté et de l'autre. Derrière elle, retentit un son de cris en réponse aux siens. La femme agrippa le dossier de la chaise de marbre et commença à pleurer pitoyablement. Elle donna des coups sur le mur arrière avec son poing et s'avança en bordure de la plateforme, son visage sillonné de larmes. Soudain, un petit enfant (Pandie pensa que c'était un garçon) apparut et courut, en pleurant, s'accrocher aux jambes de la femme. La femme ramassa l'enfant qu'elle serra contre elle, lui murmurant doucement quelque chose à l'oreille. Puis une autre femme, encore plus grande que la première, mais portant une robe presque identique, les rejoignit sur la plateforme. Elle aussi criait et agitait les bras.

— Tu oses emmener un enfant dans mon temple ! Un sale môme crasseux qui saccage ma maison, interrompt les sacrifices avec ses hurlements et profane le grand autel !

— J'ai été ordonnée, Callisto ! dit la première femme. J'œuvre aux services tout comme toi. Tu n'as aucune autorité pour me réprimander à propos de mon enfant. Et tu n'as pas la permission d'admonester Nera au sujet du sien. Nous avons autant le droit d'être ici…

— Un droit ? Tu n'as aucun droit, Ino ! Toi et Nera… avec votre jeunesse, et vos expériences et vos visages souriants et… vos… enfants ! Je vous montrerai ! dit la seconde femme.

Elle saisit l'enfant et l'éloigna de la première femme avec une telle force qu'Ino tomba presque à la renverse de la plateforme. Puis la seconde femme, Callisto, s'avança rapidement sur le côté et souleva l'enfant au-dessus de sa tête.

— Je te montrerai quel droit tu as dans mon temple !

Puis elle prononça quelques mots rapides d'une voix si basse que Pandie ne put l'entendre. Immédiatement, les plaques noires géantes commencèrent à s'écarter lentement et Pandie vit la lumière luisante d'un feu quelque part profondément sous le temple.

Ino hurla une fois. Puis elle aussi commença à parler rapidement à voix basse, cherchant maintenant à récupérer son fils. Les plaques cessèrent de bouger et commencèrent à se refermer. Callisto éleva encore plus la voix, tenant toujours l'enfant, et les plaques changèrent de nouveau de direction, s'écartant davantage. Les deux femmes, toutes deux agrippées à l'enfant, se battaient en duel, leurs incantations devenant de plus en plus féroces. Ino, avec un fantastique élan d'énergie, réussit à refermer les pierres.

Callisto arracha de sa mère l'enfant qui pleurait et le tint de façon précaire au-dessus du vide.

— Feu ou pas feu, cet enfant meurt ! dit-elle, et elle se prépara à laisser tomber le petit garçon de la formidable hauteur de la plate-forme sur les pierres noires plus bas.

Une fiévreuse agitation s'était emparée de Pandie, étourdie à force de regarder ce spectacle horrifiant. Elle n'avait aucune idée de ce qu'elle faisait, mais encore une fois elle eut l'impression de se tenir devant Zeus : elle n'avait pas le contrôle de ses paroles, comme si elles étaient arrachées de sa gorge.

— Arrêtez ! cria-t-elle, s'avançant de derrière la colonne.

Alcie et Iole essayèrent désespérément de la retenir, mais trop tard : Pandie était déjà dans l'allée principale. Elle leva les yeux vers le vacarme sur la plateforme, qui cessa instantanément.

Callisto était si surprise de la présence de Pandie dans le temple qu'elle oublia momentanément ce qu'elle était en train de faire et ne fit que rester bouchée bée dans la faible lumière.

Ino saisit immédiatement l'occasion et arracha son enfant de la poigne de Callisto. Elle le poussa plus loin, puis revint rapidement sur le bord de la plateforme, baissant aussi les yeux vers Pandie.

Il y eut un long moment de silence, puis Callisto finit par retrouver sa voix.

— Intruse ! hurla-t-elle. Impure ! Vous vous approchez de l'autel sans y avoir été invitée ? Vous osez regarder le visage de la grande prêtresse sans masque ? Vos yeux seront arrachés de leurs orbites !

— Callisto, attends… commença Ino, mais Callisto se tourna et la frappa si fort au visage qu'Ino tomba étourdie contre le mur arrière.

— Silence ! J'en ai assez de vous !

Se retournant, elle étendit ses bras grands ouverts et commença un gémissement strident et aigu, interrompu de temps en temps par d'étranges paroles de charabia. Le corps de Callisto commença à tournoyer furieusement, sa tête roulant d'un côté à l'autre, ses mains virevoltant de haut en bas comme des oiseaux sauvages. Pandie ne comprenait presque rien de ce qu'elle disait, mais à trois reprises elle capta le mot convoquer.

Alcie et Iole sortirent de derrière leurs colonnes et fixèrent la bouche grande ouverte de Callisto, dont la voix avait maintenant atteint le volume du hurlement d'une sirène.

— Que je sois occise — regarde ! dit Alcie, pointant vers le haut.

Très haut près du plafond de marbre, se formait un nuage tourbillonnant, se déformant et se tordant sur lui-même. Les filles commencèrent à distinguer les formes d'énormes ailes avec des plumes noires et blanches, des éclairs d'écailles argentées, et de longues queues comme des serpents.

Quatre larges créatures volantes, des lézards ailés avec des becs et des griffes crochus, se dessinaient lentement, se déchirant et se mordant à l'intérieur du nuage. Comme le nuage s'estompait, elles se mirent à descendre en piqué autour des colonnes du temple ; maladroitement au début, presque comme si elles avaient été créées aveugles et qu'elles commençaient tout juste à retrouver leur vision. Passant à toute vitesse devant les filles, leur vol devenant de plus en plus précis, elles laissèrent derrière elles une odeur dégoûtante et détestable. Pandie imagina de la viande crue, des œufs et du fromage de chèvre qu'on avait laissé cuire au soleil. Pandie, Alcie et Iole commencèrent à courir d'une colonne à l'autre, essayant de trouver une sortie, mais elles se plièrent en deux à cause de l'odeur horripilante, se sentant nauséeuses et étourdies.

— Oh, non ! Je... je sais ce que c'est ! hurla Iole, alors qu'elle s'affalait contre une colonne. Des harpies ! Les chiens de meute de Zeus ! Oh, dieux ! Pandie, ce sont des harpies !

De la plateforme, Callisto fit un geste frénétique vers les trois filles et hurla vers les harpies volantes, qui attaquaient maintenant Pandie, Alcie et Iole en piqué avec une extraordinaire précision. La seule protection des filles, c'étaient les colonnes très larges et leur habileté à esquiver rapidement les coups d'un côté à l'autre. Mais soit Alcie s'écrasait entre les colonnes quand elle essayait de les contourner, soit elle virait dans l'allée principale, s'exposant littéralement. Une harpie la remarqua d'au-dessus et plongea vers elle. Alcie la vit arriver et tenta de l'éviter en se jetant derrière une colonne, mais elle s'écrasa plutôt l'épaule contre le marbre.

Pandie s'était réfugiée en courant dans un coin à l'avant du temple, essayant de se déplacer dans les pâles ombres, le long des murs latéraux. Elle cherchait à rejoindre Iole, qui avait réussi à gagner les larges portes avant en rampant et qui essayait en vain de déloger le verrou de bois qui les traversait, mais il était tout simplement trop lourd. Pandie était sur le point d'atteindre Iole, qui poussait et tirait toujours le verrou avec toutes les forces de sa petitesse, lorsqu'elles entendirent toutes les deux Alcie qui s'écrasait sur la colonne dans un fort craquement.

Alcie hurla. Pandie et Iole se tournèrent pour voir la queue métallique de la harpie fouetter la tête d'Alcie et la projeter au sol, où elle demeura étendue sans le moindre tressaut.

Iole hurla et commença à ramper vers Alcie. Pandie cria vers elle pour qu'elle revienne, mais il était trop tard. Volant le long de l'allée principale, tendant son cou rythmiquement, une harpie vit Iole à quatre pattes essayant désespérément d'atteindre son amie. En une descente rapide, la harpie émit un hurlement terrifiant et ouvrit ses griffes géantes. Iole leva les yeux juste à temps pour voir la lueur des lampes du temple se réfléchir sur une série d'écailles métalliques, puis les deux serres se refermèrent autour de sa taille et la soulevèrent du sol.

Pandie était toujours sur ses pieds. Alcie était étendue, effondrée contre une colonne, et Iole était transportée, inconsciente, vers l'autel. Pandie se mit à courir dans l'allée, attrapa Alcie et la traîna derrière la colonne la plus proche. Rapidement, mais doucement, Pandie pelotonna Alcie vers l'intérieur, autour de la base de la colonne. Elle revint dans l'allée principale et arriva face à face avec une harpie volant à basse altitude vers le sol.

La harpie donna un coup de bec vers la tête de Pandie, attrapant une mèche de cheveux dans son bec. Elle commença à s'élever, tirant sa tête pour la remonter avec elle.

Comme Pandie donna un brusque coup de tête dans l'espoir de se libérer, l'extrémité contondante de l'énorme aile de la harpie la frappa directement au visage, la renversant presque sur le dos. Elle était sur le point de s'évanouir, enveloppée de la vile odeur de la harpie comme un poison, vaguement consciente de la brûlure sur son cuir chevelu et une sensation d'humidité chaude ruisselant sur sa joue. Elle tomba à la renverse contre la colonne où était étendue Alcie.

La dernière image que vit Pandie fut celle d'Iole filant en travers que vit l'autel et de son propre nez se posant contre le dessus du pied d'Alcie.

Chapitre 19

Les agneaux

Pandie se réveilla avec un bruit retentissant dans ses oreilles, la fumée lui brûlant les narines. Instantanément, elle reconnut l'odeur de brûlé caractéristique d'herbes spéciales : quelqu'un préparait le feu sacrificiel. Elle tenta de bouger ses bras, mais ils étaient bien attachés derrière son dos. Elle plissa les yeux, luttant très fort pour se concentrer sur l'agitation autour d'elle. Elle et Alcie faisaient toutes les deux face au grand autel, assises sur de petites chaises de bois au milieu du cercle des suppliants, leurs mains et leurs jambes attachées solidement avec d'épaisses cordes. Leurs sacs de transport, leurs capes et leurs fournitures étaient empilés en tas près d'elles. À quelque distance d'Alcie, Pandie aperçut deux acolytes du temple en robes blanches à capuchon, debout près d'une large roue munie d'une chaîne enroulée qui s'élevait jusqu'au plafond. À la base de l'escalier de l'autel, des herbes sacrificielles brûlaient dans des appliques, dégageant d'épais filets de fumée noirâtre. Le bruit retentissant qu'elle entendait, c'était Alcie qui hurlait, ses yeux grands ouverts et concentrés sur un point au-dessus d'elles. D'un air hébété, Pandie suivit le regard d'Alcie — et son cœur s'arrêta de battre.

Iole pendait au-dessus des deux plaques de pierre sur le grand autel, le large crochet de métal inséré dans sa petite ceinture. Ses mains et ses pieds étaient attachés, mais heureusement elle était toujours inconsciente. Plus haut sur la seconde plateforme, Ino avait été attachée à la chaise de marbre et sa bouche était bâillonnée. Callisto se tenait près du bord, son visage maintenant dissimulé sous un voile de soie noire. Lorsqu'elle vit que Pandie était éveillée, elle commença à descendre le long escalier vers la première plateforme.

— Pandie, fais quelque chose ! Figues ! Dis-leur, Pandie… dis-leur pourquoi nous sommes ici ! cria Alcie, sa voix se brisant en sanglots déchirants.

Les yeux fixés sur Pandie, Callisto atteignit le plancher du temple. Elle fit le tour du petit mur de pierre et arriva derrière Pandie.

— Vous osez défier le temple d'Apollon ? Croyiez-vous pouvoir passer inaperçue ? dit-elle, se déplaçant devant Pandie. Vous croyez-vous intelligente d'épier ainsi dans la salle comme une voleuse ? Peut-être êtes-vous une voleuse... Qu'êtes-vous venue voler, voleuses, vous et vos amies ?

— Nous ne sommes pas ici pour voler quelque chose, espèce de grosse hydre épaisse en décomposition ! cria Alcie.

— Alcie, tu la fermes ! dit Pandie.

Callisto se tenait directement devant Pandie, mais quand Alcie la traita de serpent d'eau à neuf têtes, Callisto s'avança rapidement, sa main tendue pour frapper. Son voile voleta et révéla son visage pendant une seconde, et Pandie vit le long nez droit et les pommettes élevées d'une magnifique vieille femme, sauf qu'à ce moment sa bouche était tirée en un sourire contorsionné.

— Attendez, Ô grande prêtresse ! cria Pandie, arrêtant l'attaque de Callisto. C'est moi ! Je suis la seule... je suis la seule qui devrait être ici. Mes amies n'ont rien à voir avec la raison... Hum ! S'il vous plaît... je vous raconterai. Je viens sur l'ordre du grand Zeu...

— Vous devriez être ici ? Vous devriez être ici, profanatrice ? Je suis la seule qui devrait être ici, cracha Callisto, levant les yeux vers Ino. Je suis entourée de ceux qui se croient meilleurs que moi… de ceux qui pensent en savoir plus…

La voix de Callisto traîna pendant un moment, puis elle se tourna de nouveau vers Pandie.

— Je suis amusée. Vous êtes beaucoup trop jeune pour qu'on vous permette de chercher par vous-même de l'information auprès de l'oracle. Je ne vois aucun aîné avec vous et vous êtes de toute évidence entrée par la terrasse arrière… par conséquent, je ne peux que supposer que vous êtes toutes des voleuses.

Ses yeux bruns se rétrécirent en lignes fines comme des rasoirs.

— Maintenant, je vous montrerai ce que je fais aux voleurs !

Elle contourna le mur et monta le premier escalier.

— Je viens ici sur l'ordre du grand Zeus ! Je suis ici à cause du fléau ! Vous devez m'écouter ! Je dois ramener la Jalousie ! cria Pandie.

— Une voleuse et une menteuse !

Callisto tourbillonna sur elle-même.

— Comme si le seigneur du Ciel permettrait à une larmoyante larve d'exécuter ses ordres !

Callisto courait maintenant vers la seconde plateforme, montant deux marches à la fois. Le faible bourdonnement avait commencé sous les plaques, alors que la fumée et les étincelles fusaient à travers la fissure.

— Mais c'est vrai… et je peux le prouver ! dit Pandie.

— Puis-je simplement dire, dit la grande prêtresse d'une voix forte en atteignant le sommet, que trois petits agneaux vous seront très reconnaissants à vous et à vos amies d'obtenir une journée de vie de plus ! Voyons maintenant ce que je peux prédire à partir des cendres de voleuses.

Elle commença la même étrange incantation qu'auparavant, et les plaques de pierre plus bas commencèrent à s'écarter petit à petit. Alcie essayait maintenant si fort de briser ses liens que les cordes lui coupaient la peau.

— Pandie ! Arrête-la ! hurla-t-elle.

Les plaques étaient à demi ouvertes lorsqu'Iole se réveilla. Une explosion de fumée et d'étincelles jaillit de la fosse luisante, mais sans l'atteindre. Elle hurla et se débattit sur le crochet.

— Iole, ne bouge pas ! hurla Pandie.

Les plaques étaient maintenant presque complètement ouvertes et Iole baissa les yeux vers une fournaise enflammée. Avec toute l'intensité des flammes à seulement quelques mètres sous elle, la peau d'Iole commença à rougir. Les bosses qui couvraient ses jambes et ses bras se gonflèrent et doublèrent de volume.

Callisto termina son incantation et leva son bras droit. Elle le plaqua fortement contre sa cuisse, et la chaîne commença à se déplacer vers le bas, alors que les acolytes tournaient la roue, abaissant lentement Iole dans la fosse.

— Non ! hurla Pandie.

Jamais auparavant n'avait-elle connu une telle panique. Pas même quand la boîte s'était ouverte, ni quand le plancher était disparu sous elle sur l'Olympe, ni quand elle s'était tenue devant Zeus. Jamais.

Iole n'était qu'à un mètre environ de l'ouverture. Elle gémissait et se tortillait violemment sur le crochet. Maintenant le triple de leur taille originale, ses bosses commencèrent à grésiller et à éclater. Du liquide doré se déversa de chaque éruption et Pandie vit de petites choses brillantes tomber dans les flammes plus bas. Un instant plus tard, des créatures magnifiques aux ailes bleues de la taille de petites pièces de monnaie s'envolèrent de la fosse pour disparaître dans l'obscurité au-dessus.

— CELA N'ARRIVERA CERTAINEMENT PAS ! cria Pandie d'une voix aussi forte qu'elle le put, exerçant une pression sur les cordes de toutes ses forces.

Soudainement, Pandie devint sourde.

Elle voyait tout ce qui se passait autour d'elle, mais tout se déroulait dans le silence le plus complet. Elle secoua la tête, essayant de chasser ce qui pouvait obstruer ses oreilles. Puis elle sentit un picotement sur les plantes de ses pieds. En fait, c'était bien plus une brûlure, et elle baissa les yeux pour voir si une étincelle n'aurait pas jailli de la fosse. Mais ses pieds étaient intacts. La sensation ardente se répandit dans ses jambes, dans sa poitrine, puis dans ses bras. Mais étrangement, elle ne ressentait absolument aucune douleur. C'était assez confortable. Puis, la sensation monta dans son cou et enveloppa sa tête. Elle voyait toujours Iole qui se faisait descendre d'un autre quart de mètre et Alcie qui se démenait dans sa chaise. Levant les yeux, elle vit Callisto sourire devant son œuvre diabolique, marmonnant des mots que Pandie ne pouvait entendre. Pandie prit conscience de la raideur de ses articulations et de la lourdeur de ses membres alors que la sensation de chaleur imprégnait tout son corps. Les veines au-dessus de ses yeux semblaient sur le point d'éclater.

Puis l'image de son père remplit subitement sa tête. Avec son troisième œil, elle vit son visage rugueux et barbu baigné d'une lumière bleue et jaune.

— Nous sommes connectés à la flamme éternelle, Pandora, l'entendit-elle dire. Rappelles-toi : le feu est un ami de la famille, il fait partie de toi… il fait partie de qui tu es.

Puis, comme si elle avait reçu un ordre, Pandie commença à fixer, inébranlable, l'ouverture de la fosse et la lueur chaude et blanche qui provenait d'au-dessous. Elle savait qu'il n'y avait pas de mot à prononcer, seulement la concentration de son esprit sur la tâche.

Silencieusement, elle commanda au feu de mourir. Nulle autre pensée n'existait ; elle ne chercha qu'à abaisser les flammes et à refroidir les ambres. Utilisant seulement la force de son esprit, elle tenta d'étouffer la fournaise sous Iole par tous les moyens possibles. Elle visualisa l'eau coulant sur lui, du sable le recouvrant, des monceaux de terre s'empilant dans la fosse.

Lentement, le feu de la fosse commença à s'éteindre. Les flammes diminuèrent de plus en plus. Au début, Callisto ne le remarqua pas, son esprit occupé à trouver le meilleur moyen, une fois que les voleuses seraient parties, de se débarrasser d'Ino et de Nera. Mais la faible intensité de la chaleur lui fit baisser les yeux vers la fosse.

Pandie avait réussi à éteindre le brasier et elle se concentrait maintenant sur les flammes résiduelles, maintenant mourantes. Callisto se mit à hurler et à faire des signes. Les acolytes baissèrent la chaîne plus rapidement. Iole était presque sous le bord de l'ouverture ; seulement quelques mètres de plus et elle serait brûlée par les cendres rougeoyantes. Mais Iole avait cessé de se tortiller et fixait le feu qui diminuait sous elle.

Alcie ne pouvait voir dans la fosse et n'avait pas vraiment de moyen de savoir ce qui se passait. Mais lorsqu'elle regarda Pandie, elle vit que son amie était assise, droite et immobile, chaque muscle de son corps gonflé comme si elle soulevait le temple de ses fondations. Alcie s'étira vers l'avant pour regarder et vit que les yeux de Pandie étaient complètement blancs. Il n'y avait ni pupilles ni cercles d'iris… rien, qu'un blanc brillant et luisant.

Callisto hurla vers ses acolytes, qui relâchèrent la roue, de sorte que le poids d'Iole doublé à celui de la chaîne l'attira rapidement dans la fosse.

Non ! gronda Pandie alors qu'Iole disparaissait sous le bord à l'intérieur du trou.

Pandie bondit de sa chaise, regardant les cordes qui, un instant plus tôt, la retenaient solidement. Aux points de contact avec sa peau, les cordes avaient brûlé, comme si Pandie elle-même avait été faite de feu. La lourdeur et la sensation ardente étaient disparues, et elle avait retrouvé son ouïe. Elle sauta par-dessus le petit mur de retenue et gravit l'escalier en courant. Pandie s'arrêta net sur le bord, évitant une chute de justesse, et jeta un coup d'œil dans la fosse.

Iole, très rouge, mais ni couverte de cloques ni brûlée, avait les yeux levés vers elle, de l'endroit où elle était étendue sur un tas de cendres sacrificielles légèrement chaudes, reniflant doucement.

Pandie leva la tête vers Callisto. La grande prêtresse demeura figée sur place, la bouche ouverte pendant un moment, puis, sans un mot, se retourna et s'enfuit à travers une petite porte arrière.

— Pandie, je ne peux pas sortir ! dit Iole.

— Oh, oh ! c'est vrai ! dit Pandie.

Elle regarda les acolytes debout, tapies près de la roue.

— Hum ! levez la chaîne ! ordonna-t-elle, avant de poursuivre. S'il vous plaît.

Instantanément, les deux acolytes obéirent, et Iole fut soulevée de la fosse sacrificielle. Lorsqu'elle arriva au niveau de l'ouverture, Pandie tendit le bras pour prendre la main d'Iole et la balança au-dessus de la plateforme. Après que Pandora eût retiré le crochet inséré dans la ceinture d'Iole, les deux filles s'accrochèrent l'une à l'autre, pleurant, en état de choc.

— Ça va… Allo ! dit Alcie. Quelqu'un est encore attaché à une chaise, espèces de petits abricots tordus !

— Oh ! Alcie ! dit Pandie.

Iole et Pandora descendirent précipitamment l'escalier, et après quelques moments passés à défaire quelques nœuds résistants, elles libérèrent Alcie de sa chaise.

Ramassant leurs sacs, Pandie s'assura que tout était encore à l'intérieur. Avec Alcie entre elles, toutes les trois commencèrent à monter l'escalier, passant devant la fosse de l'autel et gravissant la seconde plateforme. Ino était toujours attachée à la chaise de marbre, les yeux agrandis et remplis de crainte alors qu'elle regardait Pandie. Comme Iole enlevait le bâillon d'Ino, Pandie et Alcie s'empressèrent de dénouer ses liens. Ino se leva rapidement et s'écarta de Pandie.

— Qui êtes-vous ? Êtes-vous un dieu ou un mortel ?

— S'iiil vous plaît, dit Alcie, même s'il y avait un léger trémolo dans sa voix.

— Je suis.... hum... mortelle, dit Pandie.

— Bien, techniquement... commença Iole.

— Qu'avez-vous fait... au feu ? dit Ino, le regard toujours rivé sur Pandie.

— Ouais ! je ne sais pas, répondit Pandie honnêtement. Regardez, je ne veux pas être impolie... mais... cette femme... la grande prêtresse... pourquoi a-t-elle voulu nous tuer ? Que se passe-t-il ?

— Grand Apollon... mon enfant ! Tereus ! interrompit Ino en sursaut.

Elle quitta rapidement la plateforme pour traverser la petite porte du mur arrière.

— Attendez ! cria Pandie.

Mais Ino était disparue dans l'obscurité.

— Venez, dit Pandie, se précipitant derrière elle, suivie d'Iole.

— Oh ! tout simplement merveilleux... dit Alcie, prenant son sac par-dessus son épaule et suivant du mieux qu'elle le pouvait.

Chapitre 20

La grande prêtresse

Elles se retrouvèrent de nouveau dans un étroit couloir faiblement éclairé par des torches.

— Peut-être ne devrions-nous pas marcher si rapidement, dit Iole, avançant dans la lumière atténuée. Il peut y avoir quelqu'un qui nous attend dans un tournant… ou quelque chose d'autre.

— Parfait… pas aussi vite. J'adore cette idée, murmura Alcie, se cognant sur le mur à sa droite.

Les filles ralentirent leurs pas. Elles dépassèrent un escalier escarpé descendant à leur droite.

— Ce doit être l'escalier que nous avons pris à notre arrivée.

Quelques moments plus tard, se déplaçant aussi silencieusement qu'elles le pouvaient, elles virent une douce lumière au bout du corridor et entendirent de faibles voix.

— Callisto ? Callisto, sors.

Ino cognait furieusement contre une porte.

— Oh ! Nera, où étais-tu ?

— Tu sais où j'étais, Ino, dit une autre femme. J'étais au marché pour récupérer les médicaments d'Althea, même si c'était un peu difficile parce qu'il y avait un chien blanc qui faisait du saccage… Oh ! peu importe. Qu'a-t-elle fait, Ino ?

— Nera, si Apollon ne nous terrasse pas à mort et ne réduit pas ce temple en cendres… dit Ino, le choc la frappant maintenant avec toute sa force. Elle a essayé de tuer trois petites filles qui se promenaient à l'intérieur à l'heure du repas ! Elle a ouvert la fosse et allait brûler vive chacune d'entre elles. Brûler vive, Nera ! Elles sont probablement maintenant sorties et en train de tout raconter à tout le monde. Où est Tereus ?

— Il est juste ici avec Althea, dit Nera.

Pandie entendit les rires de deux petits enfants.

— Nera, cette fille… tu n'as aucune idée. Elle a éteint le feu sacré ! Elle l'a fait. Du moins, je pense qu'elle l'a fait. Callisto, s'il te plaît, sors ! Nous voulons t'aider ! Nera… cette fille… ses yeux luisaient. Et le feu s'est éteint, tout simplement. Nera, conduis les enfants dans ta chambre et viens m'aider à ouvrir cette porte.

Pandie, Alcie et Iole avaient atteint l'extrémité du corridor. Devant elles, se trouvaient les pièces d'habitation de la grande prêtresse. L'une d'elles était une grande chambre principale avec trois lampes à l'huile suspendues à un plafond élevé. Attenants à cette chambre, il y avait deux corridors, dont celui où elles se trouvaient, et plusieurs chambres plus petites. Ino était appuyée contre une porte fermée au fond de la chambre principale. Une autre femme, légèrement plus petite qu'elle, avec des cheveux roux clair et un visage rond, vêtue d'une simple « robe sous-vêtement » de coton et portant un bébé, était en train de faire entrer le petit Tereus dans une deuxième chambre. Pandora se serait attendue à ce que la pièce soit nue, simple, et parfaitement ordonnée, ce qui aurait convenu à une chaste servante d'Apollon, mais des jouets d'enfants étaient éparpillés partout. Des vêtements étaient en train de sécher sur une corde étendue au milieu entre les lampes de part en part de la chambre sans fenêtre. Un appliqué en fer sur pied avait été transformé en un char jouet artisanal. Un mur entier avait été peint en couleurs brillantes avec les doigts, et d'innombrables pots de nourriture sur le comptoir d'égouttement comportaient des étiquettes comme « abricots en purée », « pâtée de sanglier » et « mélange de feta et de figues ». Pandie pensa subitement à son petit frère pendant une pénible fraction de seconde.

— Par les dents d'Arès, une vraie porcherie ! dit Alcie.

— Ah ! cria Nera, prenant rapidement la petite fille dans ses bras pour la protéger.

— Non ! dit Ino. Non, Nera, ne t'inquiète pas… ce sont elles. Je veux dire, ce sont les filles. Et celle-ci, c'est celle qui…

Ino traversa la pièce et prit Pandie par les épaules. Elle scruta son visage pendant un moment, ses yeux fixant la morsure de harpie sur la tête de Pandie. Pendant qu'Ino l'embrassait, Pandie vit de petites mèches grises dans ses cheveux foncés, mais ses yeux bleu clair et ses traits délicats ne permettaient pas vraiment de deviner son âge. Ino relâcha Pandie et regarda Iole.

— Et toi, dit-elle, dieux ! quelle épreuve vous avez traversée. Est-ce que ça va ? Qu'aimeriez-vous ? Laissez-moi vous offrir du jus… ou du vin ? Il devrait y avoir du vin, Nera ?

— Il devrait y en avoir, dit Alcie.

— Arrête ça, dit Pandie en la pinçant.

— J'aimerais un peu d'eau, dit Iole.

— Venez vous asseoir, dit Ino.

Elle les conduisit vers une grande table, puis leur versa trois gobelets d'eau. Dans sa propre chambre, Nera déposa son bébé sur une paillasse élevée munie de côtés protecteurs en bois. Puis elle donna de la craie de couleur et une feuille de papyrus à Tereus et l'invita à dessiner quelque chose d'amusant. Elle revint s'asseoir à la table alors qu'Ino s'excusait et cognait sur la porte, à l'autre extrémité de la pièce.

— Callisto ! S'il te plaît, ouvre la porte ! Nous ne voulons qu'aider. Je suis sûre que nous pouvons trouver une solution simple, dit-elle.

— Il n'y a qu'une solution, arriva une réponse sourde de l'autre côté. Vous deux… sortez de mon temple !

— La même vieille rengaine, dit Nera à voix basse.

— Callisto, nous ne pouvons faire cela et tu le sais, dit Ino.

— Alors laissez-moi tranquille ! répondit Callisto.

Ino soupira, puis revint s'asseoir à la table près de Nera. Les deux femmes étaient silencieuses, soudainement à court de mots. Pandie, Alcie et Iole échangèrent un regard, ne sachant pas non plus quoi dire. Il y avait tellement de questions ; personne ne savait par où commencer.

Finalement, Alcie brisa la tension.

— J'ignorais que les acolytes portaient les mêmes robes que la grande prêtresse, dit-elle, pointant les vêtements d'Ino.

Pandie et Iole regardèrent Alcie comme si elle avait demandé à Poséidon s'il aimait le poisson.

— Ce n'est pas le cas, dit Nera.

— Mais… n'êtes-vous pas des acolytes ? demanda Pandie.

— Non, ma chère, dit Ino.

Elle se pointa, elle, puis Nera et enfin la porte à l'extrémité de la pièce.

— Nous sommes la grande prêtresse.

— Ino ! Tu ne peux pas ! dit Nera.

— Qu'allons-nous faire, Nera, les garder ici pour qu'elles ne puissent en parler à personne ? Les tuer comme elle l'aurait fait ? Tout cela me rend malade. Après tout ce qu'elles ont traversé, elles méritent une explication. Assez, c'est assez.

Ino se leva et s'avança vers une étagère au-dessus du comptoir d'égouttement, sur laquelle elle prit un petit pot d'argile.

— Mais je crois que nous devrions avoir une petite explication aussi, non ? continua-t-elle, appliquant un baume réconfortant sur la morsure de Pandie. Je ne sais pas comment tu as pu éteindre le feu, mais nous pourrons en reparler plus tard. Tout d'abord… qui es-tu ?

— Je suis Pandora Atheneus Andromaeche Helena, de la maison de Prométhée d'Athènes, et voici Alcie et Iole, répondit-elle, sentant la merveilleuse fraîcheur du baume contre sa peau.

— En fait, c'est Alcestis Artemi… commença Alcie.

— Athènes ? Pourquoi êtes-vous ici à Delphes ? demanda Nera.

— Je n'ai jamais le temps de finir une phrase, dit tranquillement Alcie.

Pandora raconta à Ino et à Nera l'histoire de sa quête, essayant d'être brève tout en donnant tous les détails importants.

— Et voici le filet et voici la boîte, finit-elle par dire en les retirant de son sac de cuir pour les déposer sur la table.

— Vous êtes toutes de braves filles, dit Ino après une longue pause. Et ton père est le célèbre Prométhée. Bien, cela explique le feu.

— Comment, exactement, cela explique-t-il le feu ? demanda Alcie. Je ne comprends pas trop.

— Tout est relié, ma chère, dit Ino. Pandora, sais-tu comment ton père a volé le feu de Zeus ?

— Oui… il l'a transporté, répondit-elle.

— Dans quoi ? demanda Nera.

— Dans ses mains, répondit Pandie.

— Dans ses mains, Pandora ! dit Ino.

— Je croyais qu'il voulait dire une boîte dans ses mains, dit Pandie.

— Non, dit Iole. Oh ! je comprends ! Je crois que je comprends !

— Pas moi, dit Alcie.

— C'est la légende, dit Ino. Il a soulevé une branche brûlante de la flamme éternelle et l'a transportée hors du mont Olympe dans ses mains nues ! Il avait un pouvoir de Titan sur les flammes. Et tu l'as, toi aussi. Est-ce la première fois que tu fais l'expérience de... d'une... intimité avec le feu ?

— Bien, non, répondit Pandie. Je peux aussi faire une autre chose.

Et elle leur raconta, à toutes, le truc.

— Je le savais ! dit Alcie. Je savais qu'il y avait quelque chose de louche à propos du feu que tu as allumé sous la pluie.

— Je ne suis pas du tout surprise, dit Iole.

— Tu veux dire que tu étais au courant ? demanda Alcie.

— J'ai déduit. Mais je suis intelligente, ajouta-t-elle.

— Wow ! vraiment génial, fut tout ce que Pandie put penser à dire.

Ino et Nera sourirent devant l'innocence de Pandie.

— Oui. génial. Et j'ai le sentiment que ce sera encore plus génial, dit Ino.

— Hum ! comment peut-il y avoir trois grandes prêtresses ? Est-ce que ça n'enfreint pas les règles ? demanda Alcie.

Ino et Nera se regardèrent.

— Vas-y, Ino. Autant dire la vérité, dit Nera.

— Il y a quelques semaines, de terribles choses ont commencé à se produire dans la ville et dans les secteurs les plus éloignés, commença Ino. En fait, Pandora, maintenant que tu as expliqué ce que tu as fait, cela commence à s'expliquer. Les gens se battaient dans les rues sans raison, se querellant même sur le prix des figues pour l'amour d'Olympe. Deux hommes se sont entretués juste sur les marches du temple. Les gens sont devenus déprimés et irritables, les épouses étaient infidèles ; partout les commérages, l'envie et la haine se répandaient.

— Les gens ont commencé à venir en foule au temple, continua Nera. Les consultations de l'oracle se tenaient sans interruption. Tu as vu la longue file qui attendait pour entrer ? Bien, ce n'est qu'à peine une fraction de ce que nous avons dû traiter jour après jour, après jour. Mais nous sommes un service public ; nous devons servir la population. Callisto était la grande prêtresse, nous disons GP, du temple depuis beaucoup, beaucoup d'années ; c'est une place qui est transmise de génération en génération dans sa famille. Mais, les gens ont commencé à quitter le temple insatisfaits…

— En fait, apeurés, coupa Ino.

— Exact, convint Nera. Nombre de gens mettaient en doute ses paroles, ne croyant pas vraiment recevoir des messages d'Apollon. Son attitude avait également changé. Elle était devenue méchante dans ses prophéties. Surtout envers…

Nera s'arrêta net, regardant dans la pièce où son bébé dormait bruyamment et où Tereus mangeait ses craies colorées.

— … les enfants, reprit Ino. Le Conseil des aînés de la cité a reçu tellement de plaintes de la part de mères qui se sont fait dire de faire du mal à leurs enfants ou même de les tuer pour les offrir en sacrifice à Apollon, qu'il a dû agir.

— Pourquoi n'aime-t-elle pas les enfants ? demanda Pandie.

— Au début, personne ne savait qu'elle ne les aimait pas, dit Ino.

— Nous savions seulement qu'elle était épuisée et que ses prophéties étaient fausses. Elle a dit à un homme qu'il vivrait jusqu'à l'âge de 65 ans et il avait déjà 71 ans. Le Conseil ne pouvait tout simplement pas la retirer, par crainte de s'attirer la colère d'Apollon…

— De plus, c'est un emploi de service civil… on ne peut congédier, on doit « mettre à la retraite », dit Ino.

— Mais, continua Nera, aucune acolyte n'était prête à reprendre ses fonctions. Et de plus, la ville ne pouvait payer sa pension en plus d'une nouvelle GP. Et elle n'a pas les habiletés pour faire autre chose : qu'est-ce qu'une femme chaste et stérile avec très peu de talents pouvait faire ?

— Stérile ? dit Iole.

— Oui, continua Nera. La grande prêtresse doit non seulement être chaste et éviter la compagnie des hommes, mais c'est toujours également utile, même si ce n'est pas tout à faire nécessaire, qu'elle soit aussi incapable de concevoir un enfant. Callisto correspond parfaitement aux exigences.

— Le Conseil voulait seulement mettre un peu de pression sur elle, dit Ino. On nous a donc amenées comme GP à temps partiel. Je travaillais à l'oracle sur le mont Ossa, qui a été détruit quand le volcan a fait irruption.

Nera l'interrompit.

— Et je faisais des oracles à Thèbes. Oh ! le pillage et les saccages, je suis heureuse que la petite Althea et moi en soyons sorties vivantes.

— Ne deviez-vous pas être chaste? demanda Pandie.

— Ah… oui! Cela… dit Nera. Bien, vous voyez... J'avais quitté le domaine de la prophétie il y a environ deux ans. J'ai rencontré un homme… mon cher Thersander. Il faisait l'entretien du puits du temple à Thèbes, et nous avons commencé à échanger quelques mots… Oh! c'était le type le plus gentil. Je me rendis compte que je voulais un peu plus de la vie que ce que m'offrait la divination, même avec la pension et les avantages sociaux. J'ai donc pris ma retraite et je me suis mariée. Et puis j'ai eu Althea il y a sept mois. Thersander a été appelé à la guerre environ deux mois après. J'ai reçu un mot un peu plus tard m'informant que… hum! il avait été tué.

Nera détourna les yeux. Elle esquissa un sourire, mais il lui était très difficile de continuer à parler.

— Quand le poste s'est ouvert, dit-elle après un moment, j'ai imploré Apollon, nous avons parlé, et il a convenu qu'il s'agissait d'un cas désespéré. Donc un, deux, trois… et il m'a restaurée.

— Hein? dit Alcie.

— Bien, dit Nera, tu ne peux travailler dans un temple si tu n'es pas vierge. C'est la principale exigence pour être prêtresse. Vous, les filles, vous savez cela.

Les trois filles baissèrent les yeux, puis, essayant de faire preuve de délicatesse, chacune regarda Ino.

— Tu te poses des questions sur Tereus, n'est-ce pas ? demanda Ino.

Pandie haussa les épaules. Iole hocha la tête. Alcie plaqua la main contre sa bouche.

— Ma sœur et son mari ont été tués durant le raid spartiate, il y a plus d'un an, laissant mon petit neveu orphelin. Le temple d'Ossa a été très gracieux et m'a permis d'accueillir officiellement Tereus comme mon fils. Nous avons conclu une entente : tu me prends, tu le prends. Je n'ai jamais été restaurée, dit Ino, souriant doucement à Nera. Je suis toujours intacte.

— De toute façon, il n'y eu aucune discrimination. C'est toujours « ne pose pas de questions, n'en parle pas et arrange-toi pour que les enfants restent tranquilles », dit Nera.

— Donc, dit Ino. Nous avons répondu à l'annonce du Conseil de Delphes et, ensuite, plusieurs entrevues approfondies ont commencé ici. J'ai obtenu le quart du début de soirée jusqu'à la fin de soirée. Nera a le poste de nuit et Callisto travaille toujours de neuf à cinq.

— Mais elle est devenue folle quand on nous a emmenées ici, dit Nera. Elle ne nous laissait pas travailler, elle nous disait que nous usurpions son autorité. Elle ridiculisait notre divination.

— Nera et moi sommes habituellement capables de maîtriser la situation, continua Ino, mais nous devons garder les enfants hors de vue. Aujourd'hui, elle a surpris Tereus qui rampait dans sa chambre, et elle a piqué une colère. Ces quartiers sont exigus, mais nous essayons de nous débrouiller. Toutefois, la population en général n'est pas au courant puisque nous portons les mêmes robes et les mêmes voiles. Les acolytes ont juré de garder le secret. Et seule une de nous s'aventure à l'extérieur à l'heure du repas, et cela, toujours déguisée.

— Wow ! dit Alcie, c'est un dur emploi. Une vie de renoncement. Entourée d'enfants, je me demande si elle en a déjà voulu un.

— Grands dieux ! cria Pandie. C'est ça !

— Quoi ? dit Iole.

— C'est elle !

— Elle qui quoi ?

— Ne voyez-vous pas, tout le monde ? Elle déteste les enfants. Pourquoi ? Parce qu'elle ne peut en avoir. Elle n'a jamais eu le choix, et maintenant elle doit partager la seule chose qu'elle adore, son travail, avec deux femmes qui peuvent faire les deux : servir comme GP et élever leurs bébés. Cela la tue. Elle est la source. Elle est la Jalousie !

Elles entendirent soudain un fort craquement derrière la porte de Callisto, et Ino bondit de la table au moment même où tout le monde entendit Callisto hurler.

Chapitre 21

La jalousie

— Callisto, est-ce que ça va ? appela Ino, s'approchant de la porte de la chambre de Callisto.

— Va-t-en !

— Les filles, Callisto ? continua Ino. Les trois filles ? Elles vont bien. Elles sont juste ici, absolument indemnes…

La porte de Callisto s'ouvrit, et elle entra dans la pièce principale, faisant presque tomber Ino. Ses cheveux étaient décoiffés, sa robe portait les traces de ses larmes, son voile pendillait sous son menton. Elle tenait un fragment d'un miroir qu'elle avait fracassé, son doigt dégoulinant de sang.

— Elles sont dans ma maison ? ragea-t-elle. Mon temple a été profané et maintenant vous permettez à de la vermine d'entrer dans ma maison ? Apollon vous terrassera toutes !

— De la vermine ? Excusez-moi, mais vous avez essayé de nous tuer. Vous vous en souvenez ? dit Alcie.

— Et j'aurais réussi sans cette sorcellerie malfaisante ! dit-elle, soudainement prise de violents tremblements, s'arrachant les cheveux.

La petite Althea commença à pleurer sur sa paillasse.

— Je tuerai cet enfant ! hurla Callisto, levant le fragment de miroir et se précipitant vers la chambre de Nera.

Nera bondit instantanément et contourna la table, se préparant à se jeter sur Callisto. Ino se précipita vers l'avant, mais Callisto trébucha sur les deux pieds gauches d'Alcie qui faisaient saillie sous la table, tombant avec un bruit sourd sur le sol. Le verre vola de sa main et se fracassa dans un coin opposé. Callisto resta là à chercher son souffle, incapable de bouger.

Lassé de sa craie et de son papyrus, le petit Tereus apparut de la chambre de Nera et rampa vers Callisto, oubliant apparemment qu'elle l'avait presque réduit en miettes une heure plus tôt.

— Hi ! Hi ! ria-t-il, tapotant le front de Callisto, pendant qu'Ino cherchait à l'éloigner.

Callisto ouvrit les yeux pour regarder Tereus. Une larme isolée coula sur sa joue. Puis elle fut prise de convulsions. Au début, ce fut de petits spasmes, mais ils devinrent plus forts, jusqu'à ce que son corps entier se tende et se relâche en alternance, misérablement.

— Oh, non ! Pas encore, dit Nera.

— Que se passe-t-il ?

— Il s'est produit la même chose hier. Je n'ai pas eu la chance de t'en parler, Ino, dit Nera, s'avançant rapidement pour aller chercher une serviette sèche. L'agitation de Callisto était maintenant si forte qu'elle se cogna la tête sur les tuiles du plancher. Puis elle s'immobilisa, les yeux écarquillés et la bouche ouverte.

— Que pouvons-nous faire ? dit Pandie.

— Éloignez-vous et n'y touchez pas, dit Nera.

— Toucher à quoi ? demandèrent Pandie et Ino en même temps.

— Regardez ! dit Alcie.

De la bouche de Callisto, une épaisse boue noire suintait lentement sur le plancher comme un ver plat noir.

— Pandie ! murmura Iole.

Mais Pandie ne put que demeurer bouche bée pendant que la boue suintante finissait par être expulsée de la bouche de Callisto, se rassemblant en un petit cercle sur le plancher. Puis, comme elles regardaient toutes fixement, la mare de boue s'épaissit et s'éleva, formant une roche noire déchiquetée.

— Grand Zeus ! dit Nera. Cela ne s'est jamais produit auparavant.

— Que veux-tu dire ? dit Ino, retenant Tereus.

— Je veux dire, elle a eu une crise et ce… truc… noir… est sorti. Je suis allée chercher un linge pour le nettoyer, mais quand je suis revenue, c'était disparu ! dit Nera, s'enveloppant étroitement la main avec la serviette, fixant la roche noire qui vibrait maintenant légèrement.

— Pandora ! dit Iole.

— Quoi ? dit-elle, finissant par regarder Iole.

Iole regarda la roche vibrante, puis Pandie. Instantanément, Pandie comprit.

— Bien sûr ! cria-t-elle, et elle avança le bras vers la table pour prendre le filet doré.

— Pouah ! entendit-elle dire Alcie.

— Apollon, protège-nous ! dit Ino.

De minuscules pattes noires avaient émergé de la roche vibrante déchiquetée, maintenant couverte d'affreuses veines vertes, qui rampait délibérément sur le sol, reculant vers la bouche ouverte de Callisto. Cette dernière, incapable de bouger, mais parfaitement capable de voir, commença à gémir alors que la roche s'approchait.

— Nera, dépêche-toi ! hurla Ino.

— Éloigne-toi de cette chose, Nera, dit Pandie très fort.

Stupéfaite de recevoir un ordre de Pandie, Nera recula immédiatement.

Déroulant le filet, Pandie s'avança devant Alcie et Nera. Une patte de la roche avait maintenant atteint la lèvre inférieure frémissante de Callisto, et la roche allait se hisser dans sa bouche lorsque Pandie lança habilement le filet doré dessus, l'arrêtant net. Comme Callisto s'évanouissait, Pandie se pencha et souleva rapidement la roche et le filet du sol, tenant le filet à bout de bras.

— Alcie… prends la boîte, dit-elle.

Alcie la retira rapidement de la poche de voyage de Pandie.

— Voici !

— D'accord, dit Pandie. Alcie, tourne la boîte pour qu'elle s'ouvre vers moi. Iole, tiens-toi près d'Alcie et prépare-toi à l'aider à refermer le couvercle. Bien, bien. Maintenant Alcie, je compterai jusqu'à trois, ensuite ouvre le couvercle, mais pas trop grand. Ensuite, referme-le une fois que ce truc sera à l'intérieur. Tu comprends ?

— Aïe ! dit Alcie, pendant qu'Iole s'avançait à côté d'elle.

Pandie enroula ses mains autour de la pierre noire et découvrit le reste du filet pour pouvoir la projeter aisément. La petite pierre vibrait, ses pattes minuscules essayant de griffer les fils d'adamant. Puis une patte trouva une ouverture, se glissa au travers et lui perça l'index.

Immédiatement, Pandie fut noyée de sentiments qu'elle n'avait jamais connus. Elle était inférieure et laide, mais 10 fois plus que n'importe qui : jalouse de tout le monde pour tout, et tellement, tellement amère à propos de sa vie. Elle voulait des choses, fondamentalement tout ce qu'elle n'avait pas. Elle voulait les cheveux d'Hélène (avant qu'elle ne soit changé en salamandre)… et le cerveau d'Iole… et la beauté de sa mère… et un petit ami. Elle voulait être n'importe qui d'autre. Elle voulait, voulait, voulait. Ses yeux se refermèrent et son cerveau s'obscurcit, comme une nuit sans étoiles et sans lune.

— Pandie ! dit Iole.

— La ferme… marmonna Pandie, commençant à s'effondrer vers l'avant.

Iole s'avança vers elle et lui attrapa les épaules. Utilisant toute sa force, elle secoua fortement son amie — très fortement.

— Pandie !

Les yeux de Pandie s'ouvrirent grands.

— Dépose-la dans la boîte ! dit Alcie.

Tout redevint clair, mais Pandie n'avait aucune idée du temps que durerait ce moment de clarté.

— Un, deux… trois ! cria-t-elle.

Alcie souleva le couvercle, la main d'Iole planait juste au-dessus. Tenant le filet, Pandie poussa rapidement la roche noire à l'intérieur de la boîte. Avec un sifflement terrible, la roche commença à se transformer en fumée. Immédiatement, Pandie sentit son âme se délivrer de la noirceur.

— Maintenant ! dit Pandie, et Alcie ferma le couvercle d'un claquement, à l'instant où une fine brume argentée commençait à s'élever. Saisie d'un petit pincement de regret à l'idée que quelque chose d'aussi merveilleux que l'Espoir soit maintenant emprisonné avec la Jalousie, Pandie prit la boîte, abaissa le mécanisme de fermeture et tira une épingle de ses cheveux, qu'elle glissa à travers le fermoir d'adamant, pour le maintenir solidement en place.

Elle posa la boîte sur la table et recula. Pandie, Alcie et Iole se regardèrent toutes les trois. L'instant d'après, elles poussaient des cris et sautaient de joie.

— Nous y sommes arrivées !

— C'est toi qui l'as fait !

— Mais tu savais !

— Comment savais-tu ?

— Elle est intelligente !

— Crois-tu que c'est la raison ?

— C'est la seule explication.

— Je suis intelligente aussi, tu sais !

— C'était facile !

— Facile ? Nous avons failli être grillées.

— Les filles ! Les filles ! dit Ino. Pouvez-vous apporter une chaise pendant que nous mettons Callisto sur ses pieds ?

— Oh ! bien sûr, dit Pandie.

Elles aidèrent à glisser doucement Callisto, qui retrouvait ses esprits, sur un siège à l'extrémité de la table. Pandie rangea la boîte et le filet dans sa poche de transport, qu'elle déposa à l'autre bout de la pièce.

La tête de Callisto pendait lâchement sur sa poitrine, et il y avait une petite coupure sur sa lèvre inférieure, à l'endroit où la roche avait tenté de rentrer en rampant.

— Nera, s'il te plaît, de l'huile d'eucalyptus, dit Ino.

Nera alla rapidement chercher une petite ampoule de verre remplie d'un liquide jaune pâle. Ino l'agita sous le nez de Callisto qui, avec un hoquet, leva la tête, regardant tout le monde autour d'elle.

— Callisto ? Comment te sens-tu ? demanda Ino.

Callisto regarda Ino et Nera pendant un moment, puis posa ses yeux vides sur Pandie, Alcie et Iole.

— Je vais bien, dit-elle enfin, la voix sèche et rêche, mais le ton empreint de bonté et de majesté. Nera, pourquoi ces jeunes filles sont-elles dans nos chambres ?

— De quoi te souviens-tu, Callisto ? demanda Ino.

— De rien, dit-elle tranquillement après un moment. Rien. Pourquoi ?

— Et qu'en est-il des harpies, hein ? Aïe ! dit Alcie, alors que Pandie la pinçait.

Le silence s'abattit sur la table, alors que, encore une fois, personne ne savait par où commencer. Tereus commença à se tortiller et à geindre dans les bras de sa mère, réussissant presque à se libérer. Callisto regarda durement l'enfant pendant un moment. Puis elle ouvrit les bras et fit un faible sourire.

— Viens ici, mon petit.

Ino laissa aller Tereus qui courut vers Callisto. Il s'arrêta net et fit une amusante petite danse pour la taquiner. Mais Callisto le prit et l'installa sur ses genoux.

— Allez-vous me dire ce qui s'est passé, hein ? dit-elle, souriant gentiment à Tereus.

— Non ! cria-t-il d'un ton taquin.

— Moi, je le ferai, dit Ino.

— Nous vous aiderons, dit Iole.

Une acolyte apparut dans l'entrée du couloir, sa tête penchée en signe de soumission. Elle et Nera échangèrent quelques mots à voix basse.

— Bien, dit-elle en se retournant. Apparemment, nous avons failli avoir une émeute. Il semblerait que la file des suppliants s'étire maintenant jusqu'à Thèbes. J'irai et je ferai des prophéties. Callisto, tu restes assise et tu te reposes.

Callisto tendit le bras vers Nera qui passait tout près et lui prit la main pour la rapprocher d'elle.

— Merci, Nera.

— Ce fut pour moi un privilège, répondit Nera. Ino, quand Althea se réveillera, veux-tu lui donner le médicament contre la toux ?

— Bien sûr… à tantôt ! dit Ino.

Nera revêtit le voile et les robes de la grande prêtresse et s'engagea rapidement dans le corridor pour se rendre à l'autel.

Pendant l'heure suivante, Pandie raconta son histoire à Callisto, alors qu'Ino et Iole ajoutaient l'information nécessaire et Alcie quelques commentaires inutiles. Callisto resta assise, stupéfaite, se concentrant sur le moment et le jour où la boîte avait été ouverte la première fois. Mais quand Ino commença à raconter les événements qui s'étaient passés après son arrivée et celle de Nera au temple, la lèvre inférieure de Callisto se mit à trembler et des larmes coulèrent de ses yeux. Et quand Ino et Pandie lui racontèrent l'histoire des harpies et le quasi-meurtre d'Iole, Callisto mit sa tête dans ses mains et s'abandonna à des sanglots silencieux et dévastateurs. Tout le monde assis à la table se sentait complètement impuissant. Finalement, Callisto leva la tête.

— Les harpies ne doivent être convoquées que lorsque le temple est vraiment menacé. C'était un serment que j'avais fait à Zeus, dit-elle, puis elle regarda Iole. Chère Iole… j'ignore ce que je pourrais faire pour que vous acceptiez mes excuses, mais laissez-moi essayer. Vous savez, j'ai un merveilleux baume de guérison pour vos bosses… où sont vos bosses ? N'est-ce pas vous qui aviez des bosses ?

Pandie et Alcie eurent le souffle coupé.

Les bosses d'Iole étaient disparues. Sa peau était presque parfaite ; seules quelques traces de cercles indiquaient l'endroit où se trouvaient auparavant les bosses.

— Bien, je suppose que j'avais juste à me tenir au-dessus d'un feu sacrificiel et à me faire presque rôtir à mort. Qui aurait deviné ? dit-elle.

À ces mots, le visage de tout le monde s'éclaira des premiers vrais sourires, pour la première fois depuis un bon moment.

— Je ne me souviens de presque rien des dernières semaines, dit enfin Callisto. Mais si je comprends bien, au moment où la boîte a été ouverte, j'étais en train de prophétiser pour une jeune mère dont l'enfant était né aveugle, et Apollon me donnait clairement un message de guérison et d'encouragement pour elle. Mais alors que je commençais à le transmettre, quelque chose… un insecte, ai-je pensé, a pénétré dans ma bouche. J'ai senti une douleur poignante et aiguë dans mon abdomen, comme si j'avais avalé du verre. Après cela, je me souviens de très peu de choses, sauf que la femme est partie du temple en courant et en criant. J'ignore pourquoi et ça ne me dérangeait pas. Je sentais que le vide me consumait. Je n'étais sensible qu'à ma propre amertume, ignorant à quel point je rendais tout mon entourage misérable.

Pandie songea à l'horreur de ce qu'elle avait ressenti quelques minutes auparavant, et elle ne put imaginer vivre avec ces sentiments pendant des semaines.

— Pendant les derniers jours, dit Callisto, j'ai compris que ce qu'il y avait à l'intérieur de moi allait me tuer si je ne m'en débarrassais pas. Je savais que j'avais eu quelques crises et j'avais observé cette chose qui était entrée et sortie en rampant. Aujourd'hui, j'ai fracassé mon miroir. J'allais l'extraire de moi.

Elle paraissait désespérée, pas seulement à cause de la façon dont elle s'était comportée, mais aussi à cause de ce qui aurait pu se produire.

— Je suis profondément désolée, dit-elle en tremblant.

— Ce n'est pas ta faute, Callisto, dit Ino.

— Vous n'y êtes pour rien si vous êtes née stérile, dit Alcie.

Sa main s'envola instantanément pour couvrir sa bouche.

— Je suis désolée, oh, oranges ! Cesse de me pincer ! dit-elle en frottant la zébrure que Pandie venait tout juste de lui infliger.

— Alors cesse de faire l'idiote !

— J'ai dit que j'étais désolée.

— Ça va, toutes les deux, dit Callisto. Vous avez raison, Alcestis, ce n'est pas vraiment ma faute. Le Destin n'a pas décrété que j'aurais dû avoir des enfants, mais seulement que j'aurais profondément voulu en avoir et les aimer. Une bénédiction et un fléau. J'ai pu intercéder brillamment auprès du grand Apollon au nom des enfants, mais mon désir a toujours été contenu et m'a bien servi, jusqu'à maintenant. C'est aussi ce qui me rendait si vulnérable.

— À vrai dire, c'est un genre de situation parfaite, dit Pandie.

— Que voulez-vous dire Pandora ? demanda Callisto.

— Bien, si Nera et Ino sont des GP à temps partiel, alors toutes les autres qui ne travaillent pas ou ne dorment pas doivent prendre soin des enfants. C'est tout simplement logique. Callisto, vous pouvez être une mère à temps partiel.

Après un bon 10 secondes, la mâchoire de Callisto s'ouvrit béante.

— Nous ne serons pas toujours là, Callisto, dit Ino avec tendresse. Quand Pandie aura tout remis dans la boîte et que les choses s'apaiseront, le Conseil n'aura plus besoin de nous, mais jusque-là…

— Me permettrais-tu, Ino ? Toi et Nera ?

Juste au même moment, Althea se réveilla sur sa paillasse, toussant sans pouvoir se contrôler.

Instinctivement, Ino se leva de table, s'arrêta net, puis se rassit et regarda Callisto.

— Le médicament d'Althea est sur la petite table près de sa paillasse. Tu n'as qu'à en mettre deux gouttes sous sa langue, mais il te faudra la tenir dans tes bras jusqu'à ce qu'elle se rendorme. Tu peux essayer de lui chanter une chanson.

Un sourire s'élargissant jusqu'aux oreilles, Callisto se leva silencieusement de la table et alla réconforter le bébé de Nera.

Chapitre 22

Le départ

Les grandes prêtresses insistèrent fermement pour que les filles prennent un peu de temps afin de se remettre de leur rude épreuve, et c'est ainsi qu'après que Dido eut retrouvé sa maîtresse (devenant instantanément le préféré d'Althea et de Tereus), Pandie, Alcie et Iole furent traitées comme de petites déesses à l'intérieur des murs du temple. Pandie raconta tout à son journal, mais quand elle parla à son père, elle décida d'exclure certains détails, comme l'histoire des harpies et de la fosse, ainsi que l'aspect de la Jalousie quand elle l'avait finalement attrapée. Elle aurait désespérément voulu lui parler de son pouvoir sur le feu, qu'elle venait tout juste de découvrir, mais elle n'avait pas envie d'être obligée de lui dire comment elle s'en était aperçue.

Nera acheta à Alcie une nouvelle paire de sandales, mais elle ne lui remit que le pied gauche. Elle passa son temps à l'assouplir en parcourant la file de suppliants avec une feuille de papyrus, prenant des commandes à l'avance pour des prophéties et des prédictions… et à rouspéter au sujet de l'obligation de se lever de sa douce paillasse le matin.

— Si j'ai une petite pause entre les visions, je poserai des questions à Apollon à propos de votre bouche, dit Callisto.

— Ouais ! Ouais ! dit Alcie. Et les pieds ? Demandez-lui à propos des pieds !

Iole nourrit les petits animaux sacrificiels et joua avec eux, s'attachant profondément à certains, pour finir par sangloter amèrement quand on les conduisait à l'autel.

— Vous connaissez cette tradition, Iole. C'est une partie du cycle. Les dieux les requièrent. C'est une preuve de notre soumission et de notre reconnaissance pour tout ce qu'ils font pour nous, dit Nera, tenant Iole alors qu'elle pleurait en regardant son agneau préféré, que l'on emportait.

Iole savait que les petits animaux étaient tués rapidement avant d'être déposés sur le feu, pas de la façon dont Callisto l'avait presque carbonisée, mais elle en avait quand même le cœur brisé.

Pandie passa la plus grande partie de son temps dans l'ombre à observer les cérémonies intenses et sacrées qui avaient lieu à l'autel. Sa curiosité était revenue à pleine force, mais cette fois-ci elle savait, qu'au lieu d'un affreux résultat, elle obtiendrait de précieuses connaissances sur sa culture et son histoire. Elle prit rapidement conscience que les grandes prêtresses étaient en contact avec les dieux, et avec Apollon en particulier, d'une manière qui dépassait la simple spiritualité. Elles étaient les élues ; en fait, celles qui pouvaient intercéder auprès des immortels pour le compte de l'humanité. Les dieux, songea Pandora, étaient tous puissants. Mais Callisto, Ino et Nera étaient bénies.

En écoutant des centaines de suppliants, elle découvrit que le mal qui s'était libéré dans le monde n'avait pas seulement touché la minuscule partie du monde qu'elle connaissait, mais aussi le monde entier — dans toute son étendue. Les gens étaient partis de pays et de terres dont elle n'avait qu'une connaissance livresque : la Samarie, le Décapole, la Chine, la Mauritanie et la Germanie. Certains suppliants avaient voyagé durant des milliers de kilomètres, ayant abandonné leurs temples et leurs lieux de culte qui avaient été détruits ou pillés. Pandie entendit parler de petits combats qui s'étaient transformés en guerres, de membres d'une même famille qui s'étaient retournés les uns contre les autres, d'atrocités commises envers les femmes, les enfants et les personnes âgées. Un Chinois avait vu ses champs de riz brûlés par un cultivateur rival… son meilleur ami. Deux sœurs en Palestine s'étaient gravement blessées mutuellement, dans une lutte pour la propriété d'un chaton. Mais ce sur quoi Pandie en apprit par-dessus tout, ce qui constituait la raison pour laquelle la plupart de ces gens étaient venus au temple d'Apollon, le dieu guérisseur, c'étaient des histoires de maladie. Maladies du corps bien sûr, mais il s'était maintenant répandu une telle maladie de l'esprit et de l'âme ! De mauvaises pensées rendaient les gens littéralement fous. Juste au moment où Pandie estima que ce qu'elle ressentait à cause de ses gestes ne pouvait être pire, elle découvrit qu'elle se trompait, et en écoutant plusieurs des histoires, elle put ajouter des larmes à sa fiole de verre.

Le matin de leur quatrième journée à Delphes, alors que les acolytes étaient occupées à préparer le repas d'adieu, ce qui causait beaucoup d'agitation autour des placards de nourriture et du comptoir d'égouttement, Pandie trouva un endroit tranquille sur un sofa, parmi une pile de jouets appartenant à Tereus. Elle déballa la carte, mit de l'eau fraîche dans le bol bleu et déboucha sa fiole de larmes, observant d'un air absorbé les anneaux qui tournaient d'un côté et de l'autre, pour finir par s'aligner sur une série d'images bizarres. Elle fut immédiatement frappée par un changement. Quand elle avait déballé pour la première fois la carte avec son père, le chiffre sur l'anneau du milieu était 180. Maintenant, c'était 166.

Ino se joignit brièvement à elle alors qu'elle traversait la pièce pour aller remplacer Callisto à l'autel.

— C'est peut-être le nombre de kilomètres que tu as parcourus en voyageant ? Non, Athènes n'est pas aussi loin, n'est-ce pas ? Peut-être est… est-ce… Oh ! je suis désolée, Pandora, je ne suis vraiment pas bonne pour les devinettes.

— Merci quand même, Ino, dit Pandie.

Elle se concentra sur les autres anneaux et passa l'heure suivante à étudier les symboles bleus lumineux.

Callisto passait maintenant son temps libre à jouer avec Tereus et Althea, mais après son quart, ce jour-là, pendant que Tereus et Althea faisaient la sieste, elle s'assit avec Pandie sur le sofa.

— Alors, tu as trouvé ? demanda-t-elle.

— Bien, je crois… peut-être que c'est … ou cette petite chose ici peut être… Non. Rien, dit Pandie d'un air abattu.

— Oh ! dit Callisto, jetant un coup d'œil aux symboles. Bien, la seule chose que je peux dire, c'est que c'est égyptien.

— Hein ! Vraiment ? Comment le savez-vous ? cria Pandie qui commençait à retrouver son optimisme.

— J'ai dû en apprendre juste un peu. Ce temple reçoit tellement de demandes d'emploi d'acolytes de toutes les parties connues du monde… c'est utile d'être capable de lire seulement quelques mots de phénicien, de latin, de sanskrit et d'égyptien. Ankhele ? cria Callisto par-dessus son épaule. Pouvez-vous venir ici un moment ?

Une jeune acolyte quitta le comptoir d'égouttement où elle faisait tremper des pommes dans du jus de citron et du miel. Elle salua de la tête, sans regarder Callisto.

— Oui, prêtresse ? dit-elle doucement.

Pandie entendit un accent exquis dans sa voix douce, et elle vit des yeux encore plus bruns que les siens.

— Ankhele, pouvez-nous nous dire ce qui est écrit ? demanda Callisto, pointant vers les symboles.

— Bien sûr, prêtresse.

Ankhlele se pencha au-dessus du bol.

— C'est écrit « Alexandrie ».

— Savez-vous ce que cela veut dire ? dit Pandie, désignant le large symbole sur l'anneau inférieur.

— Oui, mais c'est étrange… dit Ankhele, la voix traînante.

— Qu'est-ce que c'est ? demanda Pandie, retenant son souffle.

— C'est écrit : « Vanité ».

— Merci, Ankhele, dit Callisto après un moment. Vous pouvez retourner à votre tâche.

— Bien sûr, prêtresse.

— Alexandrie ? C'est en Égypte ! dit Pandie. Bien, je suppose qu'il est hors de question de marcher jusque-là. Alcie en sera heureuse.

— J'en suis certaine, répondit Callisto. Vous prendrez le bateau à partir de Crisa, ça va de soi.

— Oh ! Hum, ça va de soi ! Dans quelle direction est-ce ?

Souriant, Callisto pointa derrière elle pardessus son épaule, juste comme avait fait Prométhée.

— De ce côté… et un peu de ce côté.

— Oh, bien ! dit Pandie.

— Nous vous dessinerons une carte, dit Calisto en riant. Mais ne vous inquiétez pas : la distance est beaucoup plus courte que d'Athènes à Delphes. Deux jours de marche tout au plus. Peut-être pouvons-nous trouver un char qui vous emmènera pendant une partie du chemin, hein ?

— Merci, Callisto.

— Non, Pandora… merci, dit-elle, se levant et embrassant légèrement la joue de Pandie.

Pandora eut une brève vision de sa mère, en train de presque embrasser sa joue ou d'à peine effleurer le sommet de sa tête. Même en sachant que Callisto avait voulu la tuer aveuglément peu de temps auparavant, elle avait reçu plus d'affection de sa part dans les trois derniers jours qu'elle en avait reçu de sa mère en… elle ne pouvait se rappeler en combien longtemps. Elle se détourna, et la tête penchée, elle pleura silencieusement dans ses robes.

Ce soir-là, la salle de l'autel fut fermée pendant plusieurs heures alors que les grandes prêtresses, Pandie, Iole, Alcie et des membres du Conseil des aînés de la cité festoyèrent avec du rôti d'agneau, de chèvre et de bœuf, des montagnes de riz avec des groseilles et des noisettes, du pain plat fraîchement cuisiné et recouvert d'huile d'olive et de feuilles de basilic, de bols de fruits rehaussés d'un filet de miel et de vin sucré, de fromage, d'humus, d'œufs bouillis et de gâteaux aux abricots garnis de crème.

Pendant que Pandie mangeait goulûment, elle leva les yeux vers les grandes colonnes, se souvenant de l'attaque des harpies quelques jours plus tôt. Maintenant, elle regardait les trois grandes prêtresses, si élégantes et magnifiques, si révérées, et elle se rendit compte que leur expérience avait tissé un lien entre elle et ces femmes sacrées, un lien impossible à briser. Comme c'est étrange et merveilleux, songea-t-elle, commençant à comprendre que tout, dans son monde, pouvait changer et changerait si rapidement.

Le seul visage triste à la table était celui d'Iole alors qu'elle prenait des morceaux d'agneau.

— Hector, j'espère que ce n'est pas toi, murmurait-elle avant de mâcher chaque bouchée.

Alors que les acolytes étaient occupées à passer les plateaux et les gobelets, l'une d'elles se trompa et tendit à Alcie un gobelet rempli d'un riche liquide rouge. La bouche remplie de riz, Alcie prit une gorgée et cracha tout immédiatement, aspergeant presque un aîné de la cité.

— Raisins séchés ! Que Tartare vous avale tout rond, pouah ! dit-elle. C'est quoi ce truc ?

Callisto prit le gobelet d'Alcie et le sentit.

— Vous n'en voulez pas, Alcestis ? dit-elle, réprimant un sourire.

— Harpes d'Hadès, non ! Pourquoi ?

— C'est simplement notre meilleure cuvée de vin, c'est tout, répondit-elle, alors qu'une explosion de rires retentit parmi les convives.

— Oh ! dit Alcie, puis elle se mit à rire malgré elle.

Après la fête, comme elles regagnaient les pièces d'habitation, Pandie sentit un petit morceau de papyrus se glisser dans sa main.

Elle vit Ankhele qui s'éloignait rapidement et commençait à nettoyer la longue table.

Tard ce soir-là, alors qu'Alcie, Iole et Dido dormaient paisiblement tout près, Pandie déplia la note à la lumière d'une lampe. Elle lut l'écriture inégale.

Pandora bénie,

Qu'Isis et Osiris vous guident en sécurité dans mon pays natal. Veuillez pardonner mes caractères, le grec est encore nouveau pour moi. Mon père est le percepteur des impôts de la ville d'Alexandrie. Si vous allez le voir, veuillez lui dire que je vous ai envoyée. Je suis sûr qu'il fera de son mieux pour vous aider.

Ankhele

Repliant la note, elle la rangea dans son sac, puis avança le bras vers le pied de sa paillasse et tapota le dos de Dido. Elle se pelotonna dans ses draps, essayant d'imaginer ce à quoi ressemblait l'Égypte, et tomba doucement endormie.

Le matin suivant, les filles furent réveillées tôt pour qu'elles puissent partir sans trop attirer l'attention. Même si elles avaient encore le ventre plein après le festin de la veille, elles profitèrent d'un merveilleux petit-déjeuner et leurs sacs de nourriture furent remplis à craquer avec des restes de la fête. Tereus avait fait des dessins pour chacune d'elles sur trois feuilles de papyrus, qu'elles plièrent très soigneusement dans leurs sacs. Nera n'avait pas terminé son quart de nuit à l'oracle, mais elle le quitta brièvement pour venir leur dire au revoir. Il y eut des larmes et des étreintes, avec des promesses de revenir à Delphes dans de meilleures conditions et des vœux réciproques de visiter Athènes lors des vacances. Puis Pandie, Alcie, Iole et Dido marchèrent le long du corridor, vers l'autel, descendirent la volée d'escaliers vers le couloir latéral et émergèrent dans la salle principale du temple. Comme elles se glissaient silencieusement devant le grand autel, Nera, qui venait juste de terminer sa dernière prédiction, leva les mains haut dans les airs, comme si Apollon était vraiment en train d'animer l'esprit en elle, puis elle fit un clin d'œil vers les filles ainsi qu'un court et délibéré mouvement de poignet en guise d'au revoir.

À l'extérieur, Ino, habillée en robes d'acolyte et accompagnée d'Ankhele, conduisit les filles à travers la place principale, passant devant la longue file déjà formée. De l'autre côté, un homme aux cheveux argentés était debout près d'un grand char avec deux étalons harnachés.

— Pandora, voici Cadmus, dit Ino. Il a accepté de vous conduire toutes les trois en char jusqu'à sa maison, qui n'est qu'à une journée de marche de la ville portuaire de Crisa.

Dido bondit dans le char, et Cadmus aida Alcie et Iole à prendre place, alors qu'Ino se penchait pour embrasser Pandie.

— Allez, ma chère, murmura-t-elle, voyagez en sécurité. Apollon veille sur vous, et sa bonté se répand sur vous comme le soleil perce à travers le ciel gris. Bonne route, ma chère. Et beaucoup de succès.

Elle serra la main de Pandie pendant que le char commençait à rouler sur la route principale vers l'entrée de la ville. Pandie jeta un rapide coup d'œil à Ankhele et lui sourit. Ankhele hocha légèrement la tête en retour. Les trois filles regardèrent en arrière aussi longtemps qu'elles purent apercevoir Ino, la saluant jusqu'à ce qu'elle soit hors de vue, cachée parmi la foule de gens qui poussaient et se bousculaient et vendaient et échangeaient et attendaient dans la longue, longue file.

Elles voyagèrent la plus grande partie de la journée sans s'arrêter, profitant du trajet dans la campagne accidentée, surtout qu'Alcie n'avait pas à marcher, bien que le fait de prendre leur repas du midi, composé de restes, dans un char bondissant ait résulté en la chute de la plus grande partie de la nourriture sur le plancher. Le seul à avoir vraiment profité d'un bon repas fut Dido. Après l'heure du midi, Iole commença à se faire du mauvais sang pour les chevaux. À tous les quelques kilomètres, elle demandait « à se servir du buisson le plus près », simplement pour donner une pause aux étalons.

Apollon était en train de traîner le Soleil sous l'horizon, transformant le firmament en maintes nuances de violet, quand Cadmus engagea le char dans une allée étroite et creusée d'ornières. Ils arrêtèrent bientôt devant une maison petite, mais magnifiquement tenue, où une femme au visage doux attendait à la barrière du mur extérieur. Cadmus expliqua à son épouse l'engagement qu'il avait pris, et Urania accueillit les filles. Après un léger souper, on montra aux trois une petite chambre avec plusieurs paillasses préparées à la hâte, et elles se mirent au lit pour la nuit.

Mais quelques heures après minuit, Pandie fut réveillée par le hurlement d'un paon directement sous sa fenêtre. Elle se redressa brusquement, respirant fortement, sur le coup incertaine de l'endroit où elle se trouvait. Il y eut un autre hurlement, encore plus près. Iole s'assit, paraissant très effrayée.

— Où est Alcie ? murmura Pandie.

Elles entendirent un bruit sourd contre le mur, suivi d'un « ouche ! », puis Alcie apparut debout dans l'embrasure de porte.

— Où étais-tu ? demanda Iole.

— Une jeune fille ne peut-elle avoir un peu d'intimité ? dit Alcie. Figues ! D'accord… Pandie, pourquoi tous ces hurlements ? Héra est de ton côté, n'est-ce pas ? Elle t'a donné la carte, bla bla bla...

— Elle l'est. Elle l'a fait. Je ne sais pas, dit Pandie. Cadmus et son épouse sont-ils éveillés ?

— Je ne vois aucune lampe dans le couloir, dit Iole, maintenant sortie du lit. Pandie, que se passe-t-il ?

— Les filles, ne croyez-vous pas que si j'étais au courant, je le dirais ? commença Pandie.

Mais elle s'arrêta soudainement alors qu'un énorme paon volait à travers la fenêtre sans vitre de leur chambre. Pandie bondit sur ses pieds et Dido rampa aussi vite qu'il le put sous la paillasse contre le mur.

Les yeux rubis du paon brillaient d'un étonnant rouge orangé, et même la faible lumière se reflétait sur les plumes de sa queue étalée en diamants, émeraudes et saphirs étincelants. Pandie marqua une hésitation avec Alcie et Iole dans l'entrée pendant que le paon se pavanait hardiment dans la pièce.

— Les paons ne peuvent pas voler, dit Alcie.

— Celui-ci le peut, répondit Pandie.

Le brillant oiseau trouva le sac de voyage en cuir de Pandie et commença à le picorer rudement de son bec pointu, essayant de déchirer le cuir et de détruire le contenu à l'intérieur.

Pandie se souvint de Nera dans le temple qui s'était enroulé la main dans un linge sec. Elle s'empara de la cape de sa mère, plongeant la main profondément à l'intérieur des plis du tissu. Elle commença à balancer le vêtement en direction de l'oiseau, lui donnant finalement un coup qui lui arracha un cri et le projeta contre le mur, où il se désagrégea en une pile de poussière colorée sur le sol.

— Oh, oh ! dit Pandora.

— Quoi ? dirent ensemble Alice et Iole.

Une lumière bleue était apparue au milieu de la pièce, devenant plus large et plus brillante à chaque instant. Alcie et Iole se tinrent solidement l'une l'autre, mais Pandie demeura seule, tentant imprudemment de se placer entre ses amies et ce qui s'en venait.

La lumière bleue s'étira de côté et vers le bas jusqu'à ce qu'elle atteigne le sol. Une corde dorée à gland apparut en diagonale et les filles purent apercevoir les plis d'un tissu qui se formaient et se transformaient en un rideau, complété par une tringle argentée. Il pendit dans l'espace pendant une seule seconde, puis la corde dorée écarta le rideau de lumière, et elles virent tous les couloirs blancs et les formations nuageuses éblouissantes du mont Olympe.

Héra marchait à une courte distance sur un chemin vers l'ouverture de rideau. Elle tenait quelque chose de brillant dans sa main, et ses lèvres minuscules étaient retroussées en un large sourire.

— Oh ! je ne veux pas m'évanouir à nouveau, dit Alcie.

— Tu ne tomberas pas, dit Iole, Alcie étant maintenant sur ses jambes.

La reine du Ciel, en robe bleue et blanche, et avec une couronne de roses dorées sur la tête, s'avança depuis le chemin sur l'Olympe et traversa le rideau de lumière, pénétrant dans la petite chambre à coucher obscure. Elle sourit gracieusement à Pandora, mais alors, comme elle se retournait et vit son oiseau en une pile de poussière sur le sol, son visage s'assombrit de colère.

— C'est ce que vous faites à mon messager, Pandora ? C'est ainsi que vous me remerciez de mon aide ? dit-elle l'air blessé et innocent.

— Non, très grande Héra. Je veux dire, oui, mais je suis vraiment désolée. Je ne savais pas que c'était un messager. Il était en train de déchirer mon…

— Déchirer ? Déchirer ? Mon messager a été envoyé pour vous louanger, fille de Prométhée. Non pas pour détruire vos possessions. N'avez-vous pas vu le papyrus dans son bec ? N'avez-vous pas reçu mes félicitations ?

— Hum ! non, très grande et merveilleuse Héra. Je n'ai rien vu, dit Pandie, essayant de réfléchir rapidement.

Elle n'avait aucune idée de ce que faisait Héra. C'était peut-être un jeu, mais elle voulait être prête à tout.

— Bien, si c'est ainsi que vous traitez mes petites notes d'éloges, dit Héra, s'avançant vers la pile et soulevant un minuscule parchemin roulé sur le dessus, alors je dois vous envoyer des signes plus importants, hum ? Comme peut-être une marée depuis le golfe de Corinthe sur laquelle vont s'avancer les bateaux, avec leurs voiles portant les mots : « Bon travail, Pandora ! » Vous aimeriez ? Serait-ce nécessaire maintenant ?

Héra tendit la note qu'elle avait prise sur la pile de poussière, note que Pandie savait ne pas être là auparavant. Mais avant que Pandie ait eu le temps de la prendre, elle s'évanouit dans l'air.

— Je me contenterai alors de vous livrer personnellement le message, dit Héra, comme si c'était la meilleure chose que quiconque n'ait jamais dite dans toute l'histoire du monde. Les plus grandes louanges, Pandora ! Vous avez apporté l'honneur dans la maison de Prométhée.

Les paroles d'Héra étaient merveilleuses, mais tout comme sur l'Olympe, Pandie eut encore une fois l'impression qu'elles dissimulaient quelque chose de terrible, et une image jaillit devant les yeux de Pandie : des serpents noirs nageant sous de la crème sucrée.

— Merci, sage Héra, dit Pandie.

— Oh ! je ne suis pas sage, ma chère. C'est Athéna qui l'est. Mais alors, vous ne la connaissez pas si bien, n'est-ce pas ? Bon, je vous ai aussi apporté ceci...

Elle tendit son autre main remplie de brillantes pièces dorées. Pandie n'avait jamais vu de telles pièces de monnaie : leurs rebords ne ressemblaient pas à ceux des pièces grecques, et les symboles imprimés étaient un oiseau et un grand œil. Immédiatement, Pandie sut où elle avait vu ces symboles auparavant : ils ressemblaient beaucoup à ceux qu'elle avait lus sur la carte, mais Héra avait refermé ses mains d'un claquement et arborait à nouveau un large sourire.

— C'est un indice ! murmura-t-elle sur un ton de conspiratrice, absolument enchantée d'elle-même. Zeus serait furieux s'il savait que je suis venue ici pour vous aider davantage que je ne l'ai déjà fait, ce qui est considérable. Mais j'ai eu l'impression qu'un tel effort et une si grande réussite méritaient une toute petite récompense. Après tout, fille de Prométhée, ce ne sont pas tous les fléaux qui seront si faciles à capturer. Donc, voici un indice de votre prochaine destination.

— Nous savons déjà quelle est notre prochaine… laissa échapper Alcie dans l'ombre.

— Merci, la plus généreuse des reines ! dit Pandie, ne regardant même pas derrière elle, mais espérant avoir parlé assez rapidement et assez fort pour couvrir la gaffe d'Alcie.

— Je suis certaine que vous serez en mesure de déchiffrer mon indice… vous êtes une jeune fille si intelligente, dit Héra, ignorant Alcie et regardant profondément dans les yeux de Pandie.

Alors que Pandie avait senti de l'antipathie de la part d'Héra, elle sentait maintenant qu'il s'agissait d'un profond dégoût.

— Merci. Merci pour tout.

— Au revoir, Pandora Atheneus Andromaeche Helena. Je suis certaine de vous revoir avant longtemps.

Souriant doucement, Héra agita la main et la pile de poussière s'envola et traversa le rideau de lumière avec un fort cri strident. Héra tourna ses larges talons et s'avança sur la route dorée de l'Olympe. Un instant plus tard, le rideau de lumière disparut.

Après cela, personne n'avait plus envie de dormir. Pandie, Alcie et Iole passèrent donc le reste de la nuit à élaborer la stratégie à adopter à leur arrivée à Crisa. Iole et Alcie trouveraient une auberge avec une chambre confortable, et Pandie, protégée par Dido, enregistrerait leur passage sur un bateau allant vers l'Égypte.

— Avec quoi ? déplora Alcie. Nous n'avons pas de ce type d'argent !

— Oui, nous en avons, dit Pandie.

Et elle tendit les pièces de monnaie égyptiennes.

— L'or, c'est de l'or.

— Dieux ! Crois-tu qu'Héra s'est rendu compte de la quantité d'argent qu'elle t'a donné ? dit Iole.

— Je l'ignore, répondit Pandie. Elle est assez maligne.

Elles parlèrent pendant des heures de leur aventure jusqu'ici et de la remarquable guérison d'Iole.

— C'est maintenant la seconde fois, tu sais, dit Iole. Une fois à Crète et une autre fois dans son propre temple. Un jour, j'aimerais remercier Apollon.

— Hé ! les filles, dit Pandie, tirant la carte et pointant le chiffre sur l'anneau du milieu. Regardez ceci. Le chiffre n'était-il pas différent lorsque nous étions sur la route… 160 quelque chose ?

— Pourquoi, c'est quoi le problème ? dit Alcie.

— Bien, dit Pandie, jetant un coup d'œil au chiffre, maintenant c'est 164... Attendez ! Il y a deux jours, c'était 166 !

Pandie regarda fixement Alcie, qui lui rendit son regard. Puis elles regardèrent toutes deux Iole, qui avait les yeux rivés sur la carte, son cerveau fonctionnant à vive allure.

— C'est simple, finit-elle par dire. C'est un compteur. Et si mes calculs sont exacts, il compte le nombre de jours depuis que nous sommes parties.

— Presque 20 jours sont passés, dit Pandie, et il y a seulement un fléau dans la boîte.

— Tu pourrais le voir comme cela, je suppose, dit Iole, sentant la détresse de son amie. Mais je préfère penser qu'il nous reste plus de cinq pleines lunes pour réussir !

Pandie sourit, mais les trois amies demeurèrent silencieuses... et personne ne dormit.

À l'aube, Urania passa la tête dans leur chambre minuscule pour découvrir que chacune des filles était déjà habillée et avait emballé ses affaires pour le départ. Elle s'empressa de se rendre aux armoires à nourriture et prépara un premier repas d'œufs bouillis, de légumes et de gâteau aux grains avec du miel d'hibiscus. Cadmus leur expliqua que Crisa était située à une distance de deux collines au loin et que, si elles se hâtaient, elles l'atteindraient rapidement, peu après l'heure du midi.

Les filles remercièrent leurs hôtes et partirent en se sentant revigorées, même si elles avaient peu dormi.

— Pourquoi, ne se sont-ils pas levés la nuit derrière ? demanda Alcie, de retour sur la principale route des chars.

— Pourquoi, crois-tu ? dit Iole sincèrement. Les dieux peuvent apparaître à qui ils veulent. Héra est magnifique, Pandie. Et dis donc, combien elle t'aime !

— Oui, dit Pandie, songeant à la brume de la Jalousie dans la petite boîte de bois et aux dernières paroles d'Héra… relatives aux fléaux qui ne sont pas tous si faciles à capturer.

— Oui, je suis bénie.

Les quatre amis se mirent en marche, escaladant une colline après l'autre, jusqu'à ce que la ville de Crisa apparaisse enfin en contrebas. Pandie regarda au-delà des murs de la cité vers le golfe de Corinthe, qui s'étendait devant elles comme une magnifique couverture bleu foncé. Elle sourit en voyant les grands bateaux dans le port, dont l'un d'eux, elle le savait, les emmènerait toutes les trois en Égypte.

Épilogue

Dans ses beaux appartements, la reine du Ciel était assise devant son miroir, brossant ses cheveux roux avec de longs, rapides et rudes coups, à la fois curieuse et furieuse.

— Elle se fait aider ! Je le sens, dit Héra, nettoyant sa brosse des masses de cheveux qu'elle avait arrachés de sa tête (et qui, bien sûr, repoussaient tous instantanément). Je suppose que ce n'est pas vraiment important. Elle n'a aucune chance de réussir. Pas avec ce que je lui réserve. Pourtant… l'autre fille… l'enfant qui marche bizarrement. Elle a raconté qu'elles savaient déjà où se rendre pour retrouver le deuxième fléau. Cette carte est illisible pour une idiote petite jeune fille. Peu m'importe le nombre d'amies qui voyagent avec elle.

— Que feras-tu ? dit une voix douce venue d'un divan, dans l'ombre.

— Bien, j'ai beaucoup trop de plaisir à observer la petite idiote en train de se démener pour vraiment m'en faire, donc je suppose que je verrai où elle s'en va et je ne ferai que continuer à l'agacer un peu. Après tout, ça fait un peu moins d'une lune qu'elle a entrepris son voyage. Il me reste un autre cinq lunes pour l'induire en erreur un peu partout sur la planète. Ce n'est pas vraiment le temps pour toi ou pour moi de la mettre en danger de mort. Les grandes prêtresses et les harpies s'en sont bien chargées ces derniers jours… et tu peux avoir la certitude qu'on peut s'attendre à davantage de ce genre de divertissement. Ne sais-tu pas comment ils traitent les intrus et les infidèles en Égypte ?

Héra, qui avait été témoin de tant de destruction et de grabuge depuis le début du monde et qui en avait causé une grande partie, haussa les épaules malgré elle.

— Parfait. C'est fait. De quoi ai-je l'air ?

Il y eut un rire dans l'ombre.

— Comment l'épouse de Zeus pourrait-elle paraître autrement ? Tu brilleras plus que toutes les autres.

— Je suis si heureuse que Zeus ait finalement décidé de permettre aux autres de m'organiser une fête-surprise. Et comment… vais-je paraître surprise ?

Héra relâcha sa mâchoire et s'écarquilla les yeux. Elle paraissait plus terrifiée et grotesque que sincèrement surprise.

— Parfait. On y va ? Ils sont probablement tous en place maintenant.

— Oui, dit Héra.

Elle se dirigea d'un pas lourd vers la porte de ses appartements, ne s'arrêtant que brièvement alors que la silhouette se levait du divan pour la rejoindre.

— Que sais-tu au sujet de l'aide qu'elle obtient d'autre part ? demanda-t-elle.

— Je t'ai déjà tout raconté.

— Oui, oui… Athéna et Héphaïstos et l'idiot de filet. Je m'attendais à quelque chose de semblable de la part de ces modèles de vertu. Mais tu continueras à me raconter tout ce que tu entends ou vois, n'est-ce pas ?

— Ma chérie, après la richesse et la puissance que tu m'as promises… nous deux côte à côte à diriger le Ciel et la Terre… tu sais que je le ferai ! Fais-moi confiance.

Les deux sortirent des appartements d'Héra, celle-ci devant, ses robes bleues et blanches flottant derrière elle. La silhouette, auparavant dans l'ombre, s'avança maintenant dans le couloir brillamment éclairé, ne laissant comme trace de sa présence à cet endroit qu'un petit tas de feuilles automnales et de glaçons fondants sur le plancher.

Glossaire

Acropole : la partie la plus élevée de terre à Athènes, sur laquelle repose le Parthénon.

Aphrodite : déesse de l'amour et de la beauté.

Apollon : dieu de la musique, de la poésie, de la lumière, de la vérité et des arts de la guérison. Souvent appelé le « dieu du Soleil », Apollon, dans son char splendide, tire chaque jour le Soleil en travers du firmament.

Arès : dieu de la guerre, fils de Zeus et d'Héra, que les deux, dit la légende, détestaient au plus haut point.

Artémis : sœur jumelle d'Apollon ; souvent appelée la « déesse de la nature sauvage », elle était la chasseresse en chef des dieux. Elle était aussi la protectrice de la jeunesse et des jeunes choses en tous lieux ; et, de façon générale, la principale déesse de la Lune.

Athéna : déesse de la sagesse et de la raison. Elle n'a pas de mère, mais elle est plutôt née de la tête de Zeus — complètement formée et en habit complet de combat. C'est une farouche déesse guerrière, fourbe et maligne. C'est l'enfant préférée de Zeus.

Atlas : l'un des Titans originaux, et dans certains mythes, le frère de Prométhée. Zeus a condamné Atlas à porter pour toujours la voûte écrasante des cieux sur ses épaules. (Souvent on le décrit comme devant aussi porter la Terre, mais c'est tout simplement illogique. Je veux dire, où se tiendrait-il ? Hum ?)

Bacchanales : fête bruyante.

Bellérophon : héros qui a apprivoisé le cheval ailé, Pégase, et qui a tué la menaçante Chimère.

Caducée : bâton transporté par Hermès, autour duquel deux serpents sont entrelacés, se rencontrant dans le haut sous une paire d'ailes ; il a inspiré le symbole dont se servent de nos jours les médecins ou les hôpitaux.

Centaures : créatures dont le haut du corps est celui d'un homme, et le bas, celui d'un cheval.

Cerbère : énorme chien à trois têtes (certains comptes rendus parlent aussi d'une queue de dragon) qui garde les portes de l'enfer.

Chimère : monstre mythique ayant le corps d'une chèvre, la queue d'un serpent et la tête d'un lion. Oh ! et il crachait aussi le feu.

Crète : la plus large des îles grecques.

Cronos : un Titan et le père de Zeus, Hestia, Héra, Hadès, Poséidon et Déméter. Il avala ses enfants en entier dès leur naissance, croyant en la prophétie que l'un de ses enfants le vaincrait. Mais à la naissance de Zeus, Rhéa, sa mère, enveloppa une pierre dans une couverture qu'elle remit à Cronos, dissimulant le bébé Zeus sur l'île de Crète. Une fois adulte, Zeus obligea son père à restituer tous ses frères et sœurs. Puis s'ensuivit la bataille entre les Titans et les Olympiens pour le contrôle des cieux et de la Terre.

Cyclope : définit soit la race ou l'une des races des anciens géants qui n'avaient qu'un seul œil situé au milieu de leur front.

Delphes : ville de Grèce, le site du fameux oracle d'Apollon (aussi nommé l'oracle de Delphes et le temple d'Apollon).

Déméter : sœur de Zeus, déesse de l'agriculture et de la moisson ; patronne de l'agriculture, des plantations, des récoltes, de la santé, de la naissance et du mariage.

Dionysos : par-dessus tous les autres, dieu du vin et du théâtre et, avec Déméter, aussi dieu de l'agriculture.

Dryades : nymphes qui vivaient dans les arbres ; lorsque les arbres mouraient, les dryades mouraient aussi.

Éole : le roi des vents, un dieu qui vivait sur Terre, sur une île flottante appelée Éolie.

Éros : fils d'Aphrodite, et dieu de l'amour. Éros est plus couramment connu comme son équivalent grec, Cupidon.

Euphrate : grand fleuve de l'Asie du Sud-Ouest.

Gorgones : trois sœurs (deux étaient des immortelles) habituellement décrites comme des créatures ressemblant à des dragons avec des ailes, des mains de cuivre (dans certains récits) et des serpents vivants en guise de cheveux. Lorsqu'elles regardaient quelqu'un droit dans les yeux, les Gorgones pouvaient instantanément transformer celui–ci en pierre.

Hadès : frère de Zeus et chef des Enfers (le royaume des morts, aussi appelé Hadès).

Harpies : « les chasseresses de Zeus » ; dragons ailés ayant des queues de serpent, des griffes affûtées comme des rasoirs et des becs crochus. En plus de leur apparence effrayante, les harpies répandaient sur leur passage l'odeur la plus dégoûtante inimaginable.

Héphaïstos : dieu du feu et des forgerons. Armurier et forgeron des dieux. Le seul dieu à être né laid et handicapé ; pourtant son épouse est Aphrodite.

Héra : épouse et sœur de Zeus. Elle est la reine du Ciel et la protectrice du mariage, des femmes mariées et des grossesses. Deux mots décrivent Héra : jalouse et mesquine. Bien sûr, ce peut être parce que les nombreuses aventures de Zeus lui ont empoisonné la vie depuis la création de la mythologie.

Hercule : demi-dieu (son père était Zeus) et le plus extraordinaire et le plus célèbre des anciens héros grecs, Hercule a dû accomplir 12 travaux presque impossibles, comme punition pour avoir tué son épouse dans un accès de folie (provoqué par Héra).

Hermes : le messager des dieux, le plus rapide en action et en pensée. On le connaissait comme le « maître voleur » (ayant volé le troupeau de vaches d'Apollon, le jour de sa naissance) et il était le dieu du commerce et du marché, le protecteur des marchands.

Hydre : énorme serpent d'eau ayant neuf têtes individuelles, dont chacune était immortelle. L'un des 12 travaux d'Hercule consistait à tuer l'hydre de Lerne.

Lion de Némée : énorme lion, tué par Hercule de ses mains nues ; le premier de ses 12 travaux.

Médée : princesse grecque qui a tué ses deux enfants quand son époux est tombé amoureux d'une autre femme.

Méduse : hideuse gorgone à cheveux de serpent, elle a été bannie et isolée sur une île rocailleuse où elle vivait avec ses deux « sœurs » immortelles gorgones. Elle a été assassinée par Persée, qui lui a coupé la tête et l'a remise à Athéna, qui, elle, l'a alors placée au centre de son bouclier, aussi appelé son *aegis*.

Morphée : dieu des rêves ; Morphée apparaîtrait souvent dans les rêves sous la forme de vos êtres chers.

Oiseaux du lac Stymphale : plusieurs comptes rendus racontent qu'il s'agissait d'oiseaux mangeurs de chair. Hercule a tiré sur eux à sa sixième tâche.

Olympe : immense montagne dans le nord-est de la Grèce, près de la côte de la mer Égée ; à son sommet se trouve la demeure des 12 dieux de l'Olympe.

Oracle : il existe plusieurs définitions distinctes : une personne qui voit et prédit l'avenir; une prophétie ou une prédiction transmise par un prêtre, une prêtresse ou un prophète; une chapelle ou un temple où l'on consultait un dieu.

Pan : le fils d'Hermès, dieu des chevriers et des bergers. Pan est en partie animal avec des cornes, un arrière-train, des pattes et des sabots de chèvre. C'est un excellent musicien, ayant créé les flûtes de pan.

Parnasse : aussi Parnassos : montagne au centre de la Grèce.

Parthénon : érigé au sommet de l'Acropole, le Parthénon était le temple principal de la déesse patronne de la cité, Athéna.

Pégase : un magnifique cheval ailé de couleur blanche, né du sang qui coulait du cou de la Méduse après que Persée l'eût décapitée.

Persée : jeune héros qui a tué la gorgone Méduse en contemplant son reflet dans le bouclier de métal d'Athéna pour éviter ses yeux, qui auraient pu le transformer en pierre.

Perséphone : fille de Déméter, épouse non consentante d'Hadès. Perséphone passe six mois de l'année dans les Enfers avec son époux, durant lesquels Déméter se retire du monde, et c'est pourquoi nous avons l'automne et l'hiver. Lorsque Perséphone se trouve avec Déméter, cette dernière s'en réjouit, ce qui nous donne le printemps et l'été.

Phileo : amour profond d'un ami envers un ami ou d'un père envers sa fille.

Poséidon : frère de Zeus et seigneur de la mer.

Prométhée : Titan qui a combattu du côté des dieux dans la bataille pour la suprématie sur la Terre et les cieux. Il a aussi volé le feu à Zeus quand celui-ci a refusé de le partager avec l'humanité. Pour cette raison, il fut enchaîné à un rocher où un aigle géant se délectait durant le jour de son foie, qui reprenait forme la nuit.

Sanglier de Calydon : énorme sanglier qui terrorisait la campagne calydonnienne.

Satyre : déité des bois, très souvent décrite comme un croisement entre un homme et une chèvre. Souvent associés à Dionysos, les satyres aiment les femmes… beaucoup.

Sirènes : créatures à la merveilleuse voix enchanteresse ; elles séduisaient les marins sur les bateaux à leur passage avec leurs chants captivants, et ils en mouraient. Elles habitaient une petite île au milieu de l'océan, mais il n'en existe aucune description, puisque quiconque les a regardées n'en est jamais revenu.

Tartare : endroit terrible dans les Enfers — encore plus reculé qu'Hadès. On le décrit comme étant si caché du soleil et si profondément enfoui dans la Terre qu'il est entouré de trois couches séparées de nuit, qui à leur tour entourent un mur de bronze, qui ensuite englobe Tartare. Parfois, il est décrit comme une fosse froide, humide et minable engloutie dans de sombres ténèbres. Dans d'autres descriptions, c'est un lieu où brûle une flamme incandescente.

Tirésias : personnage de fiction, mais nommé d'après un fameux prophète grec aveugle.

Titan : race de dieux géants qui régnaient en maîtres absolus sur le Ciel et la Terre jusqu'à ce qu'ils soient vaincus dans un combat féroce contre Zeus et les autres Olympiens. Zeus récompensa les Titans qui l'avaient appuyé dans ce combat ; il emprisonna les autres au Tartare.

Zeus : souverain suprême parmi tous les dieux, détenteur du grand éclair (parfois nommé tonnerre ou foudre). Son pouvoir est plus grand que celui de tous les autres dieux réunis. On dit qu'il tombait amoureux d'une femme après l'autre, ce qui rendait furieuse son épouse, Héra.

Remerciements

Merci à Elizabeth Hailey, Kim O'Bannon, Elizabeth Harris, Melissa McNeeley, Jamie Wooten, Nicholas Hope, Barbara Olsen, Craig Newhouse, Peter Renaday, Madeleine Pellegren, Dan Schneider, Wenzel Jones, Christina Carlisi, Phyllis Kramer, Brooks Adams, Meg Brogan, Mary McGuire, Trista Delamere, William Sterchi, Rene, Charlotte, Sybil et Martha Pallace, Kelli Coleman, Betty Buckner, Gerald Brennan, Claudette Sutherland, Warren Cowan, Karen Smith, Richard Overton, Katy Dowdalls, Frank Crim, Mary Mazzocco, Boots Hart, Edith Eig, Erza Buzzington, Peter Gref, Marc Rosenbush, Todd McClaren, Michael John Derricott, Michael et Becca Hennesy, Brian Hennesy, Jennifer Griffin, Camden Toy, Mary Lou Belli, Sarina Rantfl, Pavlin Lange, Dace Lavelle, Tony Pines, Emily Webster et Susan Blu pour leur temps, leurs commentaires, leurs rires et, en certains cas, leur pure stupéfaction.

Des remerciements particuliers à Leah Miller pour la liste des dix meilleurs, Minnie Schedeen, qui en sait plus que la majorité ; Dino Carloftas chez Metro et Nancy Gallt, les deux meilleurs agents qu'une fille peut avoir ; Elizabeth Schonhorst, extraordinaire réviseure, qui rit de ce que je dis et clarifie gentiment ce que j'écris ; ma mère, Ramona, et ma tante Barbara, qui ont tout lu avec amour et lucidité ; Sarabeth pour sa foi, son amour, sa sagesse et pour sa façon de toujours me rappeler la source et les matériaux ; Scott Hennesy pour ses rires (cela représente beaucoup) ; Harriet pour son encouragement ; Kel, pour sa cadence effrénée ; Josie, ma « sœur » pour l'avoir prononcé « poddy » ; et Rosie, bien sûr... toujours.

Et enfin, merci à Michael Scott qui a dit : « Tu sais ce que c'est vraiment… ? »

Lisez un extrait
de la prochaine aventure mythique
de Pandora

Chapitre 1

La tempête

19 h 56

Une tempête comme Pandie n'en avait jamais vu les frappa trois jours après qu'elles eurent atteint la haute mer. Les vagues étaient aussi hautes que des piliers de temple, et les vents trouaient l'énorme grand-voile à rayures noires et blanches. Une pluie drue tombait du ciel avec la férocité d'une chute, et le bateau donnait dangereusement de la bande, déviant, tanguant et roulant violemment depuis qu'il avait dépassé les affleurements de rochers déchiquetés qui formaient le littoral de la Grèce occidentale, un peu après la ville de Méthone.

Presque une heure plus tôt, alors que les premières rafales de vent avaient commencé à tourbillonner autour du bateau, le capitaine avait insisté pour que ses passagers descendent immédiatement sous le pont. À peine quelques instants plus tôt, Pandie et ses amies, Alcie et Iole, étaient montées sur le pont supérieur pour prendre une bouffée d'air frais. Elles tentèrent de se conformer aux ordres du capitaine, mais alors qu'elles faisaient leurs premiers pas depuis la proue vers la petite série d'escaliers, à la poupe, les vents avaient immédiatement changé de direction, plaquant les trois filles vers l'arrière contre les rambardes et les soufflant presque dans l'eau. Depuis les 45 dernières minutes, l'ouragan forçait les filles et plusieurs marins très aguerris à s'accrocher aux rambardes, à l'énorme mât et aux caisses du cargo attachées sur le pont. Les nuages noirs empêchaient Pandie de garder ses amies en vue. Elle savait qu'Alcie serait capable de tenir le coup ; de fait, sa récente affliction d'être dotée de deux pieds gauches avait d'une certaine manière facilité ses déplacements sur le bateau. Au lieu de toujours virer à droite comme c'était le cas sur la terre, le doux glissement de la coque sur l'eau avait miraculeusement redressé le pas d'Alcie dans la bonne direction, et avant que la tempête ne frappe, Alcie envisageait sérieusement de devenir marin. Maintenant, Pandie pouvait quelque peu distinguer Alcie contre le mât, ses mains entremêlées dans les cordes de la voile, surmontant la tempête comme s'il s'agissait d'une simple petite brise.

Pour Iole, c'était une toute autre histoire, et ce n'est que lorsque les premiers éclairs commencèrent à frapper l'eau autour d'elle que Pandie vit que son amie avait de sérieux ennuis. Iole avait été facilement projetée contre la rambarde dès la première bourrasque. Maintenant, ses bras et ses jambes maigres glissaient à travers les larges ouvertures entre les poteaux de rambarde. La pluie, le déversement continuel d'eau de mer et l'inclinaison constante du bateau lorsqu'il franchissait la crête d'une vague à une autre faisaient en sorte qu'il était impossible à Iole de s'accrocher. Elle était incapable de garder une poigne sur les poteaux de rambarde ; ils étaient trop épais, et le bois était collant et visqueux après des années d'exposition à l'air salin de la mer.

L'endroit où se tenait Pandie sur le pont était assez précaire ; elle avait été lancée entre deux larges caisses d'emballage et elle pouvait sentir que ses épaules et ses jambes se couvraient d'ecchymoses. Mais elle avait enroulé ses bras autour des cordes qui retenaient les caisses sur le pont, et elle avait l'impression que, même si elle allait devenir noire et bleue, elle était suffisamment en sécurité. Mais maintenant, avec les éclairs qui illuminaient Iole, presque à moitié par-dessus bord, Pandie comprit que si elle ne parvenait pas rapidement à Iole, elle perdrait une de ses meilleures amies.

Pandie libéra ses bras des cordes et avança en rampant sur le pont glissant vers Alcie et le mât. Le corps d'Alcie était tourné de telle façon qu'elle ne voyait pas qu'Iole avait des ennuis. Pandie hurla à pleins poumons, pointant vers la rambarde. Alcie se tortilla autour du mât pour regarder et cria, tendant l'un de ses pieds gauches à Pandie pour qu'elle le saisisse. Pandie s'accrocha à la jambe d'Alcie, avançant petit à petit jusqu'à ce qu'elle puisse se relever et entreprit de détacher la lourde corde enroulée autour du mât.

— Que fais-tu ? hurla Alcie.

— Je vais essayer de donner ceci à Iole ! hurla Pandie en retour.

Soudain, une main rude lui arracha l'extrémité de la corde et saisit son avant-bras.

— Cette corde tient la grand-voile ! Vous pourriez faire couler le bateau, espèce d'idiote ! dit l'un des deux marins qui était aussi cloué au mât à cause des vents.

— Mon amie va se faire tuer ! hurla Pandie, pointant vers la rambarde.

— Tant pis pour elle, hurla l'autre marin, des éclairs illuminant son visage crasseux et édenté. Mais vous n'allez pas détruire le Paon !

— Quoi ? haleta Pandie, prenant une gorgée d'eau salée. Qu'avez-vous dit ?

— Le Paon a traversé pire que ça, et vous, stupides jeunes filles, vous n'allez rien faire qui le détruira, gronda férocement le premier marin, sa main toujours plaquée autour de celle de Pandie.

— Grands dieux ! songea Pandie, c'est ça !

Le bateau s'appelait le Paon et cela ne pouvait signifier qu'une chose. Qu'une chose !

C'était Héra, la reine du ciel, dont le symbole principal était le paon, qui avait envoyé cette tempête. Jamais de toute sa vie, Pandie n'avait été plus certaine de quelque chose. D'une certaine manière, Héra avait vu à ce que Pandie et ses amies embarquent sur ce bateau, et maintenant, elle était résolue à l'envoyer au fond de l'océan. Pourquoi, oh ! pourquoi n'avait-elle pas pris conscience du danger avant d'embarquer à bord ? Avait-elle même remarqué le nom du bateau ?

Au même moment, le Paon tomba dans un profond creux entre les vagues et le marin relâcha sa poigne autour du bras de Pandie pour s'arc-bouter contre le mât. Pandie bondit — vola serait le terme plus juste — vers Iole et la rambarde. Elle atterrit si fort contre la rambarde qu'elle crut s'être fracturé une côte. Elle était sur le point d'être projetée de l'autre côté du bateau lorsqu'elle vit la main d'Iole à quelques centimètres d'elle. Instantanément, elle s'y agrippa, et la force de la bascule, ainsi que le poids supplémentaire d'Iole, l'aidèrent à traîner celle-ci pour la ramener quelque peu à bord. Mais il n'y avait rien d'autre à quoi s'accrocher, rien pour les attacher. Les caisses d'emballage étaient trop éloignées. Alcie avait essayé l'idée de Pandie de se servir de la corde du mât, mais elle était maintenant immobilisée par les deux marins, qui continuaient de la contenir même si elle essayait de les mordre.

Iole regarda Pandie, incapable de parler, les yeux rougis à cause des pleurs et de l'eau salée.

— Il me faut une corde, pensa Pandie, maintenant complètement désespérée. Tout ce dont j'ai besoin, c'est d'une stupide corde !

L'instant suivant, un éclat de foudre grava le visage de la grande déesse Athéna dans l'air tout juste devant le nez de Pandie. Athéna regarda Pandie droit dans les yeux et lui fit un clin d'œil.

Alors Pandie eut une idée.

Une semaine plus tôt, Athéna avait offert à Pandie une corde magique, une corde qui avait le pouvoir de s'allonger ou de se raccourcir, de s'épaissir ou de s'amincir, en fonction des besoins. Tout ce que devait faire Pandie, c'était de donner un ordre à la corde, et tout de suite après, c'était fait. Mais chaque fois qu'elle l'avait utilisée par le passé, la corde était déjà entre ses mains. Maintenant, la corde se trouvait solidement enroulée dans sa poche de transport en cuir, qui était rangée en sécurité dans sa cabine sous le pont.

Il n'y avait aucun moyen physique qui lui permettrait d'y accéder sans relâcher Iole, et Pandie savait qu'elle ne pourrait jamais se rendre sous le pont et revenir à temps.

Mais Athéna ne lui était pas apparue simplement pour lui faire un clin d'œil.

— Corde… viens vers moi… commença à murmurer Pandie à voix basse.

— Corde… viens vers moi… maintenant !

Elle répéta les mots encore et encore, sans avoir la moindre idée si son appel serait entendu.

Alors que le Paon escaladait une autre crête, Pandie et Iole se trouvaient presque en position verticale par rapport au pont. Seul le pied d'Iole, accroché autour de l'un des poteaux de la rambarde, et le bras gauche de Pandie, agrippé à un autre poteau, les empêchaient de tomber vers la poupe du bateau.

— Corde… viens vers moi… j'ai besoin de toi… maintenant ! dit Pandie encore et encore.

Le bateau plongea dans le creux et Pandie perdit sa poigne sur le poignet d'Iole, pendant que celle-ci, hurlant, glissait à moitié à travers la rambarde.

Alors que Pandie était renversée par la force du tangage, un éclat de foudre frappa tout près de l'escalier d'accès à la coursive. La tête de Pandie pivota vers l'éclair, et elle vit quelque chose de mince et d'argenté sur le pont. La corde magique serpentait vers elle depuis l'escalier d'accès. Les marins immobilisés sur le pont ne l'avaient même pas remarquée ; ils étaient trop occupés à sauver leur propre vie.

— Plus vite ! cria-t-elle.

Instantanément, la corde se retrouva entre ses mains.

— Plus longue… plus épaisse, hurla-t-elle, et la corde lui obéit.

Iole hurla de nouveau. Du moins, Pandie pensa qu'il s'agissait d'Iole. C'aurait pu être le paon géant, car il apparut soudainement, voltigeant dans l'air pour un instant au-dessus de sa tête, un oiseau aux brillantes couleurs de saphir et de rubis, criaillant à fendre l'air.

Iole avait presque disparu, la seule partie visible étant ses pieds accrochés à deux des poteaux de rambarde.

— Attrape-la maintenant ! cria Pandie.

Une extrémité de la corde vola des mains de Pandie et disparut par-dessus bord.

— Ramène-la ! dit Pandie, ne sachant pas si la corde était même en mesure de comprendre des ordres plus complexes. Mais l'instant suivant, Iole était sur le pont, la corde enroulée autour de sa taille et de ses épaules comme un magnifique petit harnais.

— Retiens-nous toutes les deux à la rambarde ! dit Pandie, et la corde s'allongea pour pouvoir fermement retenir Pandie et Iole aux poteaux, et s'enroula autour des deux filles en une série de nœuds complexes.

En cet instant, Pandie se rendit compte que, si le bateau résistait, ils seraient tous sains et saufs.

Puis, la tempête prit fin, complètement.

En quelques instants, le ciel devint clair et bleu. On apercevait à nouveau le littoral de la Grèce, et les formations de rochers déchiquetés se trouvaient exactement au même endroit qu'avant la tempête. Ce qui, Pandie le savait, voulait dire que le Paon n'avait pas bougé du tout. La mer Ionnienne était là devant elles, lisse comme un miroir.

— Corde… relâche-nous, dit doucement Pandie.

Instantanément, la corde les libéra toutes les deux.

— Plus petit… très petit, dit-elle, et la corde se nicha dans la paume de sa main.

Elle la glissa sous sa ceinture argentée.

Les marins commencèrent à ramper hors de leur cachette sur le pont. Les deux qui retenaient Alcie reculèrent parce qu'elle ne cessait de les pincer.

— Viens, Iole, dit Pandie, aidant son amie trempée à se remettre sur ses pieds.

Elles chancelèrent vers Alcie, debout contre le mât, ses mains toujours entremêlées dans les cordes. Alcie jurait en criant aux marins qui l'avaient maintenue captive, faisant la démonstration de son autre affliction : chaque fois qu'elle jurait (et cela se produisait souvent), le juron prenait la forme du nom d'un… fruit.

— Figue ! Citrons. Poires, à vous deux ! criait-elle, les bras par-dessus sa tête, aux marins qui riaient, maintenant.

— Alcie… tu peux laisser tomber maintenant, tu sais, dit Pandie.

— Oh ! dit Alcie en sursautant. Oh ! parfait !

Les trois filles se traînèrent devant les membres de l'équipage qui examinaient maintenant le bateau, le pont et la cargaison, pour voir s'il y avait des dommages. Les hommes lançaient que, bien sûr, la tempête avait été mauvaise, mais qu'ils avaient déjà vu pire, chacun essayant de surpasser les autres avec des histoires à dormir debout, pendant que les filles se glissaient dans l'escalier menant sous le pont.

En sécurité et à nouveau réchauffées, les filles verrouillèrent la porte de leur cabine et retirèrent leurs toges de dessus qui étaient trempées, pour les suspendre et les faire sécher au bout de leurs couchettes. Personne ne parla pendant un long moment.

— De quoi s'agissait-il ? finit par demander Iole.

— Oh ! dit Alcie, s'assoyant sur sa couchette le dos contre la coque du bateau. C'est seulement la pire tempête que j'aie jamais vue.

— C'était bien plus, dit Iole, se retournant vers Pandie, n'est-ce pas ?

— Je ne sais pas. Je… je pense… balbutia Pandie. Oui, c'était bien plus qu'une simple tempête.

— Quoi ? Que veux-tu dire par plus ? demanda Alcie.

— Pandie… j'ai vu le paon dans les airs, dit Iole.

— Quel paon ? demanda Alcie.

— Si le paon avait essayé d'aider d'une façon ou de calmer les vents, continua Iole, mais il poussait des cris stridents...

— Je sais… c'est une sorte de signe, répliqua Pandie.

— Un signe ? Quel signe ? aboya Alcie.

— Alcie, écoute d'abord, d'accord ? dit Pandie, repliant ses jambes sous elle et se frottant le flanc à l'endroit où elle avait heurté la rambarde.

Son chien, Dido, avait été durement balloté dans la cabine pendant la tempête et maintenant il reposait la tête sur les genoux de Pandie, avec une petite coupure juste au-dessus de son œil droit.

— Si je savais exactement ce qui s'est passé, croyez-moi, je vous le dirais. Je sais que vous, les filles, n'étiez pas obligées de me suivre dans cette quête, et vous savez que je ne vous cache jamais rien.

Elle baissa la voix qui devint un murmure.

— C'est Héra qui a envoyé la tempête, j'en gagerais toutes nos provisions de nourriture. Avez-vous remarqué comment la tempête s'est arrêtée rapidement une fois qu'il n'y eut plus de chance qu'Iole et moi soyons tuées ?

— Mais pourquoi, Pandie ? dit Iole. C'est elle qui t'a donné la carte quand tu étais sur le mont Olympe devant Zeus. C'est elle qui a eu pitié de toi et qui a convaincu Zeus de ne pas te faire bouillir dans l'huile, mais plutôt de te permettre de faire cette recherche. Elle t'a donné des pièces de monnaie en or comme indice de se rendre en Égypte.

— Écoutez, soupira Pandie, tout ce que je sais, c'est qu'Héra dit une chose et en pense une autre. Et elle ne m'aime pas, elle fait semblant de m'aimer, mais elle ne m'aime pas. Du tout.

Elle rangea le petit rouleau de corde dans son sac de voyage en cuir.

— Pourquoi est-ce qu'elle ne t'aime pas ? demanda Alcie.

— Je ne sais pas encore, riposta Pandie, avant de poursuivre d'une voix plus basse. La seule chose dont je suis assez certaine, c'est que, quoi qu'elle fasse... les choses empireront.

Carolyn Hennesy

est l'auteure de *Pandora et la jalousie*. Née à Los Angeles, elle a plus de 25 années d'expérience dans l'industrie du spectacle, et on peut maintenant la suivre dans la dramatique quotidienne General Hospital. En plus de ses carrières d'actrice et d'auteure à plein temps, madame Hennesy enseigne aussi la comédie d'improvisation et elle est devenue une artiste sur trapèze volant. Elle habite dans la région de Los Angeles.

www.carolynhennesy.com

ADA éditions
www.ada-inc.com
info@ada-inc.com